하늘 시민권자
땅의 정치에 책임지다

하늘 시민권자
땅의 정치에 책임지다

지은이 | 이윤석
펴낸이 | 원성삼
표지 디자인 | 안은숙
펴낸곳 | 예영커뮤니케이션
초판 1쇄 발행 | 2026년 1월 14일
등록일 | 1992년 3월 1일 제2-1349호
주소 | 03128 서울특별시 종로구 대학로3길 29, 313호(연지동, 한국교회100주년기념관)
전화 | (02)766-8931
팩스 | (02)766-8934
이메일 | jeyoung_shadow@naver.com

ISBN 979-11-24083-03-1 (03340)

* 이 책에는 카페24(주)가 제공한 "카페 24 써라운드"와 "카페 24 써라운드 에어" 서체가
  일부 사용되었습니다.

값 17,000원

 모든 인간은 하나님의 형상을 닮은 존귀한 존재입니다. 사람은 인종, 민족, 피부색, 문화, 언어에 관계없이 모두 다 존귀합니다. 예영커뮤니케이션은 이러한 정신에 근거해 모든 인간이 존귀한 삶을 사는 데 필요한 지식과 문화를 예수 그리스도의 사랑으로 보급함으로써 우리가 속한 사회에 기여하고자 합니다.

기독교인의 지역 정치
참여 가이드북

이윤석 지음

하늘 시민권자
땅의 정치에 책임지다

예영

강웅산(총신대학교 신학대학원장)

대체로 보수적인 교회에 다니는 성도일수록 기독교 신앙과 정치의 관계에 대하여 명확히 교육을 받아본 적이 없는 것이 사실이다. 그러다 보니 정치나 정치 참여를 일단 부정적인 눈으로 보게 되는 경우가 많은 것 같다. 문제는 그 사이에 발생하는 기독교의 부재 현상이다. 그 부재는 복음의 영향력 부재로 이어지고 그 공백은 성경적이지 않은 입법, 교육, 제도 등으로 채워진다. 이렇게 오랜 시간이 흐르면 자라나는 세대들은 아무런 보호 기제 없이 비성경적 환경 속에서 무감각해지기 마련이다.

이윤석 박사의 『하늘 시민권자 땅의 정치에 책임지다』는 보수 신앙 진영에서 특히 정치와 정치 참여에 대한 교육이 부재한 현실 속에서 신앙인들을 잠에서 깨우는 기상나팔과 같다. 개혁주의 관점에서 한국 성도들의 눈높이에 맞춰 성경, 신학, 역사를 배경으로 설득력 있게 신앙인들이 알아야 할 내용을 쉽게 전달하는 장점이 있다. 단순히 개론서나 이론서 같은 지식 전달을 그 목적으로 하는 것이 아니라, 성도들이 행동해야 할 성경적 신학적 이유와 사명뿐만 아니라 어느 분야에서 어떤 범위로 참여해야 할지 구체적인 안내와 지도는 저자의 실무적 경험을 통해 축적된 지식을 반영하고 있다.

믿음이 있는 성도는 정치적 성도이어야 하고, 기도하는 성도는 정치적 성도이어야 함을 깨닫게 하는 본 저서는 책임과 의식이 있는 성도가 되기 위해서 반드시 읽어야 할 책으로 적극 추천한다.

배준완(서울서문교회 담임목사)

종교 개혁자 칼뱅은 정치를 '소명의 영역'으로 규정한다. 16세기 당시 통치자의 권위에 대한 복종과 더불어 '백성의 관리(magistratus popularis)'의 저항권을 말했다. 이후 칼뱅의 정치 철학은 근대 시민사회의 형성에 큰 영향을 주었다. 모든 그리스도인이 정치를 할 필요는 없지만, 그 일에 소명을 받은 그리스도인은 책임 있게 정치를 감당해야 한다.

저자의 『하늘 시민권자 땅의 정치에 책임지다』는 기독교 세계관에 정통하면서 공적 영역을 섬긴 경험이 함께 녹아있는 책이다. 이 책은 믿음과 정치라는 오랜 과제에 대해서 하나님 나라와 공공 정의라는 아브라함 카이퍼와 프란시스 쉐퍼의 신앙적인 확장에서 출발한다. 하지만 탁상 담론에 머무르지 않고, 기초자치단체에서 로컬 민주주의가 어떻게 작동되는가를 분석하여 정책이 어떻게 시민의 생명과 공동체에 영향을 끼치는가 구체적으로 제시한다.

현재 한국 사회의 진영 논리가 지역 공동체를 무너뜨리는 메커니즘을 고발하고, 교회와 성도가 어떤 면에서 목소리를 내어 공동체를 살리고, 어떻게 공적 영역에서 정의와 진리에 기초한 기독교적인 가치로 대응할 것인지를 제안한다. 특히 지역교회와 청년 세대가 어떻게 공적 영역에서 선한 영향력을 끼칠 수 있는가에 대한 '말씀과 정치의 만남'이 새롭게 다가온다. 교회의 잘못된 '정치화'와 무책임한 교회의 무책임한 '비정치화' 사이에서, 예수님이 하셨던 '하나님 나라의 정치'라는 (완벽하지는 않지만) 구체적인 실례를 제시한다.

이 책이 무늬만 크리스천 정치인이 많은 한국 상황에서 기독교적 가치와 세계관으로 무장된 진짜 크리스천 정치인을 세우는 데 일조하리라 믿으며 또 한국 교회의 성도들이 일독할 것을 권면한다.

성인경(라브리 코리아 한국 대표)

대학생·청년들이 모여 공부하는 라브리 식탁에서도, 정치 계절에는 디저트가 없어도 식사 시간이 좀처럼 끝나지 않는다. 한 번은 어떤 대학생이 "나는 선거 때가 되면 거의 자동으로 어떤 진영에 손을 들어주게 된다"라고, 솔직하게 고백했다. 어떤 청년은 "매번 철학이 없는 투표를 하는 것 같아요"라고 말했다. 다른 손님은 "나는 누가 되든지 신경 쓰지 않는다"라고 실토했다.

저자는 이런 태도는 하늘 시민권자의 올바른 자세가 아니라는 생각에서 출발한다. "정치는 법과 제도, 예산과 조직, 권한과 책임의 문제다. 곧 사람들의 삶을 실질적으로 변화시키는 영역이다. … 이제 우리는 이 질문을 바꿔야 한다. '정치와 믿음은 상관없는가?'가 아니라 '믿음으로 어떻게 정치할 것인가?'로 말이다. 이 책은 그 질문에 함께 답해가는 여정이 될 것이다."

저자는 정치를 믿음을 실천하는 방식이라고 말한다.

"왜 정치가 믿음의 실천인가? 첫째, 정치는 공동체를 위한 사랑의 실천이다. '네 이웃을 네 몸과 같이 사랑하라.' 이 명령은 이웃의 삶의 질, 안전, 권리, 존엄을 함께 고민하라는 명령이다. 둘째, 정치는 약자를 위한 정의의 도구다. 고아와 과부, 나그네와 이방인을 보호하라는 하나님의 명령은 개인의 선한 의도만으로는 이루어질 수 없다. 셋째, 정치는 창조 질서를 회복하는 방법이다. 그 역할을 감당할 수 있는 방식 중 하나가 공공의 영역에서의 참여, 곧 정치다."

이 책은 성경과 하나님의 나라 신학에 근거해서 신앙과 정치의 관계를 바르게 규명해 주고, 신앙으로 정치하는 방법을 제시해 주고 있다. 특히 저자는 경영학과 신학을 공부한 후에, 행정 실무도 풍부하게 경험한 터라 그런지, 그의 스피치만큼이나 문장도 쉽고 간결하고 하도 맛깔나서 읽는 기쁨 또한 크다.

신국원(총신대학교 신학과 명예교수)

이 책은 오늘의 한국 교회가 반드시 직면해야 할 정치 현실의 질문들에 성경적 진리와 현실적 통찰로 응답하는 귀한 안내서다. 신앙과 정치를 분리해 온 한국 교회의 오래된 전통이 무너진 지금, 경영학과 신학 두 영역의 전문가일 뿐 아니라 공직의 현장 경험을 토대로 성경이 말하는 그리스도인의 정치적 책임을 설득력 있게 풀어낸다. 더 나아가 하나님 나라와 공공 정의가 어떻게 연결되는지를 카이퍼와 쉐퍼의 사상을 통해 균형 있게 제시한다.

저자는 정치가 추상적 담론이 아니라 '마을'이라는 삶의 현장에서 시민들의 책임 있는 행동을 통해 실현됨을 강조하며, 기초 자치와 지역 정치의 구조, 시장과 시의원의 역할을 분석하며, 미가서 6장 8절과 로마서 13장에 기초한 원칙을 통해 작은 정책 하나가 생명을 바꿀 수 있음을 구체적으로 보여준다.

또한, 진영 정치와 혐오가 일상화된 시대에 그리스도인의 정치적 무관심과 침묵이 왜 무책임한 것인지도 밝혀주며, 이런 현실 속에 청년과 약자, 그리고 교회가 잃어버린 지역 정치 속 영향력을 어떻게 회복할 수 있는지를 보여준다. 출마, 의회 참여, 시민사회와 디지털 공론장 등 다양한 참여 방식을 제시하며 '신앙의 정치'를 모색하는 이 책은, 하늘 시민권자로서 땅의 정치에 책임지려는 모든 신자에게 든든한 길잡이가 될 것이다.

양승훈(에스와티니기독의과대학 총장, 전 밴쿠버기독교세계관대학원 원장)

본서 『하늘 시민권자 땅의 정치에 책임지다』는 저자의 다른 책 『하나님의 나라와 정치적 중도의 길』에 이어 그리스도인들의 실제적인 정치 참여의 노하우를 제시한다. 처음에는 그리스도인들이 믿음으로 정치해야 하는 성경적인 이유를 제시하지만 곧이어 저자는 기초자치단체의 정치에서 그리스도인들의 정치 참여의 문제를 다룬다. 아마 이것은 지난 수년 동안 기초자치단체 정치에 실제로 참여했던 저자의 경험에서 비롯되었다고 생각된다. 저자는 실제로 정치에 대한 감시, 여론 형성 등에서 출발하여 시의원이나 시장 출마까지 그리스도인들이 기초정치에 참여하는 다양한 방법을 제시하고 있다.

흥미롭게도 후반부에서는 동성애와 차별 금지법, 학생 인권 조례와 성교육, 공산주의 사상과 교회의 자유 등 아주 민감한 이슈들에 대한 논의도 피하지 않는다. 아마 본서에서 저자가 제시하는 주장에 대해 어떤 독자들은 찬성하지 않을 수도 있을 것이다. 하지만 저자의 주장에 찬성하고 안 하고

보다 더 중요한 것은 현실 정치에 관심을 갖는 것이다. 저자는 "침묵은 중립이 아니라 책임 회피"라고 주장하면서 "정치 참여는 신앙의 실천"이라고까지 주장한다.

저자는 흔히 교회에서 "정치를 위해 기도합시다"라고 말하는 것에 대하여 하나님은 기도만 하라는 분이 아니라, 기도한 대로 행하라고 부르시는 분임을 따끔하게 지적한다. 저자는 "믿음은 행동할 때, 세상을 바꿀 수 있다"라고 말한다. 그리고 그 예로서 요셉, 모세, 다니엘, 느헤미야, 에스더 등의 성경 인물과 더불어 아브라함 카이퍼와 프란시스 쉐퍼 등 현대 교회 지도자들의 예를 제시하고 있다. 그러면서 저자는 모든 그리스도인을 향해 "하늘 시민권자, 땅의 정치에 책임"질 것을 요청한다. 참여 없는 기도는 세상을 바꿀 수 없기 때문이라고 일갈한다.

저자는 경영학자이자 신학자이면서 동시에 현실 정치에 대한 경험을 가진 분이다. 그래서 본서에 담긴 저자의 날카로운 혜안은 남녀노소, 신자와 비신자, 보수와 진보, 목회자와 성도들을 막론하고 모든 사람에게 정치란 무엇이며, 무엇이어야 하는지를 보여주는 탁월한 책이라고 확신한다.

화종부(남서울교회 담임목사)

오늘의 정치 현실은 신앙인들에게 종종 피하고 싶은 영역처럼 느껴진다. 그러나 성도에게 정치는 외면할 대상이 아니라, 책임 있게 감당해야 할 삶의 자리다. 하늘의 시민권을 가진 그리스도인이 이 땅의 정치 현실 앞에서 어떤 태도로 서야 하는가는 더 이상 미룰 수 없는 질문이 되었다.

이 책에서 저자는 정치적 편 가르기와 진영 논리를 넘어, 공적 영역에서 신앙이 어떻게 책임 있게 작동해야 하는지를 차분하게 풀어낸다. 특정 이념이나 정당에 신앙을 종속시키는 위험을 경계하면서도, 동시에 침묵과 방관이라는 이름의 무책임을 거부한다. 신앙은 사적인 위안에 머무는 것이 아니라, 정의와 화평을 향한 실천으로 이어져야 한다는 점을 분명히 한다.

예수께서 세상 가운데 오셔서 가난한 자와 약자의 편에 서셨던 것처럼, 오늘의 그리스도인 역시 이 땅의 시민으로서 책임 있는 선택과 참여를 요청받고 있다. 이 책은 정치 참여를 신앙의 타락으로 보지도, 신앙을 정치의 도구로 삼지도 않으면서, 하늘 시민권자의 정체성에 합당한 공적 책임의 길을 제시한다.

저자와는 오랜 세월 동안 같은 교회에서 신앙생활을 했고, 목회자로서 함께 동역하기도 했다. 저자는 좋은 목회자이자 신학자이면서 또 현실 사회와 기독교 세계관 운동에 늘 많은 관심을 기울여왔다. 그런 저자가 조국 교회를 위해 꼭 필요한 책을 썼다. 조국 교회와 성도들이 정치적 혐오와 냉소를 넘어, 기도하는 자리에서 행동하는 자리로 나아가도록 돕는 귀한 안내서라 생각된다.

신앙과 시민적 책임을 함께 붙들고자 하는 모든 성도에게, 이 책이 성숙한 공적 신앙의 길로 나아가게 하는 동반자가 되기를 기대하며 기쁘게 추천한다.

| 차 례 |

1부 왜 믿음이 정치와 연결되는가
(정치에 대한 신앙적 물음과 대답)

2부 기초정치, 마을을 바꾸는 힘
(기초자치단체와 신자의 현실 이해)

3부 왜 지금 나서야 하는가

(정치 무관심과 지역 현실의 긴급성)

4부 믿음으로 참여하는 다양한 길

(출마에서 간접 활동까지, 모든 참여는 정치다)

5부 교회와 함께, 정치하다

(갈등을 넘어 신앙 공동체와 함께 정치하기)

6부 가치의 충돌에 믿음으로 대응하기

(민감한 이슈 속 신앙인의 태도와 전략)

7부 다음 세대를 위한 믿음의 정치

(정치는 남의 일이 아닌 신자의 사명)

왜 지금,
믿음으로 정치해야 하는가?

"정치는 믿음과 상관없습니다."

"믿는 사람이 뭘 하겠어요. 그저 기도나 하지요."

"정치판은 더럽고 위험합니다. 교회는 멀리하는 게 좋습니다."

한국 사회에서, 특히 교회 안에서 자주 들려오는 말이다. 믿음과 정치를 떼어놓는 것이 당연하다는 듯, 신앙을 가진 사람들은 정치를 '세속적인 영역', 혹은 '위험한 장르'로 분류한다.

하지만 정말 그럴까? 정치는 정말, 하나님의 뜻과는 아무 상관 없는 일일까?

누군가를 위해 기도하는 당신, 이미 정치적이다

정치는 생각보다 훨씬 가까이에 있다. 누군가를 위해 기도할 때, 당신은 이미 정치를 시작한 것이다. 왜냐하면 당신은 그 사람의 삶이 바뀌길 바라고, 세상이 더 정의롭고 평화로워지길 간구하고, 무너진 질서가 회복되기를 기대하기 때문이다.

정치는 결국, "누가 이 나라와 동네의 삶을 책임지고 결정할 것인가?"를 묻는 것이고, 특히 기독교인에게 있어서는 정치란 "그 결정이 하나님의 뜻과 얼마나 닮아있는가?"를 따지는 일이다.

하나님께 간절히 기도하는 당신은 이미 이 시대의 정의와 회복을 꿈꾸고 있는 사람이다. 다만, 기도만으로는 부족할 때가 있다. 우리는 기도한 대로 행동해야 하고, 믿은 대로 세상 속에서 살아내야 한다.

믿음은 벽 안에만 머무를 수 없다

오늘날 많은 교회는 세상 속에서 점점 침묵하고 있다. 정치 이야기를 꺼내면 분열될까 두렵고, 공공의 문제에 목소리를 내면 세상에 공격당할까 망설인다. 그래서 교회는 점점 '종교적인 말'만 하게 되었고, 신자들은 세상 속에서 점점 목소리를 잃게 되었다.

하지만 복음은 단지 '내면의 평안'을 주는 도구가 아니다. 복음은 세상을 바꾸는 능력이다. 세상을 다시 하나님 나라로 바꾸는 말씀이며, 혼자만이 아니라 공동체를 살리는 생명의 진리다.

예수님은 단 한 번도 회당에만 머물지 않으셨다. 광장에서, 길거리에서, 세리의 집에서, 성전 뜰에서 그분은 공적 진리를 말하고, 불의에 도전하며, 약자의 편에 서셨다. 예수님은 그렇게 하나님 나라의 정치를 시작하셨다.

우리는 왜 기도하면서도 아무것도 하지 않을까?

많은 신자는 이렇게 말한다. "우리는 기도해야죠. 사람이 바꿀 수 없는 건 하나님께 맡겨야죠."

맞다. 기도는 믿음의 호흡이다. 하지만 하나님은 기도만 하라는 분이 아니라, 기도한 대로 일하라고 부르시는 분이다.

모세는 홍해 앞에서 기도했지만, 하나님은 '왜 부르짖느냐? 너는 지팡이를 들고 바다를 향해 나아가라'고 하셨다.

느헤미야는 민족을 위해 금식했지만, 곧장 왕 앞에 나아가 조서를 받고 성벽을 다시 세웠다.

에스더는 죽음을 각오하고 기도했지만, 왕 앞에 서는 행동을 택했다.

기도는 행동을 이끄는 문이다. 믿음은 머물러 있지 않는다. 믿음은 세상 속으로 걸어 들어가는 힘이다.

이 책은 질문에서 시작되었다

"믿는 사람은 정치와 무관해야 하는 걸까?"

"신자는 선거 때 기도만 하고 말아야 할까?"

"이 나라의 부패와 불의는 교회와 상관없는 일인가?"

"예수님을 따르는 우리가, 진짜 이 사회를 바꾸기 위해 할 수 있는 일은 없을까?"

이 책은 이런 질문을 품은 이들을 위한 책이다. 세상의 정치 논리에 물들지 않고, 하나님의 뜻에 따라 이 땅을 변화시키고 싶은 이들을 위한 책이다.

교회의 바깥을 외면하지 않고, 오히려 세상 속으로 복음을 들고 들어가려는 신자들을 위한 책이다.

이 책은 결코 거대한 이념의 이야기가 아닌, 우리 동네에서, 우리 교회에서, 우리 가정에서 시작될 수 있는 하나님 나라의 참여 방식을 안내하려는 책이다.

당신이 정치인 아니어도 괜찮다

하지만 신자라면 정치적이어야 한다. 정치적이라는 말은 정당을 선택하거나 시끄러운 싸움에 뛰어들라는 뜻이 아니다. 자신의 믿음을 바탕으로 세상의 문제에 책임감 있게 응답하라는 뜻이다.

믿음으로 투표하는 것, 믿음으로 교육 정책을 고민하는 것, 믿음으로 지역 공공 사안에 목소리를 내는 것, 믿음으로 세상을 비판하고, 동시에 대안을 제안하는 것, 그 모든 것이 기독 시민으로서의 정치 참여이며, 믿음을 살아내는 또 다른 예배의 형태다.

이 책은 당신을 부른다. 당신이 특별하지 않아도 좋다. 목회자가 아니어도 되고, 정치인이 아니어도 된다. 뉴스에 나오는 사람이 아니어도, 이 사회의 조용한 변화의 주인공이 될 수 있다.

당신의 기도가 정치가 될 수 있고, 당신의 한 표가 나라의 방향을 바꿀수 있으며, 당신의 침묵을 깬 한마디가 세상에 빛이 될 수 있다.

이 책은 당신에게 묻는다

"이 시대에 당신의 믿음은 어디에 서 있습니까?"

그리고 조용히 말한다. "믿음은 행동할 때, 세상을 바꿀 수 있습니다."

이제, 함께 그 발걸음을 시작하자.

기도하고, 분별하고, 참여하며 우리 마을과 도시 위에 하나님 나라를 세워 나가자.

믿음으로, 정치하자.

하늘 시민권자여, 땅의 정치를 책임지자!

제1부

왜 믿음이
정치와 연결되는가

(정치에 대한 신앙적 물음과 대답)

1

믿음은
정치와 상관없는가?

"정치는 더럽고, 교회는 거룩하다."

이 말은 한국 교회 안에서 오랫동안, 거의 본능처럼 받아들여져 왔다. 실제로 많은 신앙인들은 정치를 기피하거나, 그 주제를 입에 올리는 것조차 부담스러워한다. 예배 후 교제 시간에 정치 이야기를 꺼내면 분위기가 어색해지고, 심지어 공동체의 분열을 불러올까 두려워 입을 다문다. 믿음과 정치, 이 둘 사이에 선이 그어져 있는 듯한 분위기 속에서, 기독교인의 정치 참여는 마치 신앙의 순수성을 해치는 위험한 선택처럼 여겨져 왔다.

하지만 정말 그럴까? 믿음은 정치와 아무 상관이 없을까? 과연 우리는 정치에 대해서 침묵하는 것이 믿음을 지키는 길이라고만 생각해도 괜찮은 걸까?

정치를 외면한 신앙, 그 결과는?

오늘날 한국 사회를 비롯해 전 세계의 정치 지형은 급격히 요동치고 있다. 이념과 정체성, 지역과 세대, 종교와 성별 등 다양한 요소들이 서로 충돌하고 있고, 사람들은 점점 극단으로 치닫고 있다.

이런 와중에 신앙인들은 어디에 서 있어야 하는가? 만일 신앙인이 정치에 침묵하고 외면한다면, 그 빈자리는 누가 채울 것인가? 공공의 영역에서 신자의 목소리가 사라진다면, 하나님의 정의와 사랑은 어떻게 구현될 수 있을까?

우리가 사는 세상은 끊임없이 법을 만들고, 정책을 시행하며, 제도를 운용해간다. 교육 정책 하나가 다음 세대의 세계관을 바꾸고, 도시개발 하나가 수많은 이웃의 삶의 질을 바꾸며, 사회복지 제도 하나가 수많은 약자의 존엄을 지켜내거나 무너뜨릴 수 있다.

이런 영역이 바로 정치다. 믿음은 곧 삶인데, 정치가 삶 전반에 영향을 준다면, 정치에 대한 신자의 무관심은 곧 이웃 사랑의 책임 방기라고도 할 수 있다.

예수님도 정치적이었다?

예수님은 당대 권력 구조와 정면으로 충돌하지 않으셨지만, 그분의 사역은 매우 공공적이고 구조적인 영향력을 가진 행동이었다. 예수께서 병든 자를 고치고, 사회적 약자를 품고, 성전을 깨끗하게 하시고, 외식하는 종교지도자들을 비판하신 것은 모두 공적 행동이었다.

그분은 하나님 나라의 복음을 선포하셨고, 그것은 단지 개인의 영혼 구원만을 뜻하지 않았다. 하나님 나라는 이 땅 위에서 하나님의 통치가 이루어지는 것, 바로 정치적이며 사회적인 질서 회복을 뜻하는 말이었다.

예수님의 하나님 나라는, 단지 마음속에만 존재하는 신비로운 개념이 아니다. "하나님의 나라는 너희 안에 있느니라"(눅 17:21)는 말씀은 구체적인 역사 속에서 하나님의 공의와 사랑이 실현되는 것을 의미한다. 병든 자가

고침을 받고, 억눌린 자가 자유를 얻으며, 배고픈 자가 배 불리는 곳, 그곳이 곧 하나님 나라다. 그리고 이러한 공적 정의의 회복이 바로 정치의 영역에서 다루는 문제들이다.

예수님은 적극적으로 권력을 쥐려 하시지 않았지만, 정치에 무관심하거나 중립적인 태도를 보인 것도 아니다. 오히려 예수님은 당시 로마 제국과 유대 종교 권력의 억압적인 질서를 넘어서는 새로운 통치, 곧 하나님 나라의 질서를 선포하셨고, 이는 당시 사람들에게 매우 정치적인 메시지로 다가왔다. 그렇기에 예수님의 십자가형은 단순한 종교적 사건이 아니라, 정치적 체제에 의한 공개적 처형이었다.

신구약을 아우르는 정치 참여의 이야기

성경은 처음부터 끝까지 공적 영역, 곧 정치와 무관하지 않다. 구약에서 요셉은 애굽의 총리로 정치적 리더십을 발휘했고, 다니엘은 바벨론 제국의 행정관으로 왕에게 조언하며 민족의 생존을 도왔다. 느헤미야는 포로에서 돌아와 예루살렘 성벽을 재건하는 정치·행정 지도자로 활약했고, 에스더는 왕비의 자리에서 민족 구원의 정치적 선택을 내렸다.

신약에서도 바울은 로마 시민권을 적극 활용해 복음의 길을 열었고, 그 과정에서 재판받고 황제에게 상소하는 등 당대 법과 권력 체계 안에서 주도적인 입장을 취했다. 이처럼 성경 인물들은 하나님의 뜻을 정치적 공간에서 구현해나갔다.

우리가 잘 아는 '의인을 높이시는 하나님, 악인을 심판하시는 하나님'은 개인의 내면에만 작용하지 않는다. 정치와 제도의 세계에서도 하나님은 일하시며, 그 일에 쓰임 받은 사람들이 바로 성경 인물들이다.

기독교 역사의 흐름 속에서 본 정치 참여

역사적으로도 신앙과 정치는 밀접한 관계에 있었다. 종교개혁은 단지 교회의 개혁만이 아니라, 국가와 시민사회, 교육, 경제 등 사회 전반의 구조를 바꾸는 공공 개혁 운동이었다. 마르틴 루터와 장 칼뱅은 교회 안에서뿐만 아니라 도시 정치와 사회 시스템을 통해 복음을 구현하려고 했다.

특히 아브라함 카이퍼는 '모든 영역은 그리스도의 것'이라는 선언으로 유명하다. 그는 목사이자 신학자일 뿐 아니라, 실제로 네덜란드 총리로서 공공 정책을 세우고 사회 개혁을 이끌었다. 그는 신앙인이 정치 영역에 참여하는 것은 신앙을 확장하고 실천하는 것이라 여겼다.

프란시스 쉐퍼는 문화 속 기독교 세계관을 강조하며, 교회가 침묵할 때 사회가 얼마나 빠르게 무너질 수 있는지를 경고했다. 그는 "기독교가 말하지 않을 때, 세상은 하나님의 뜻을 잊는다"고 말했다. 팀 켈러 역시 도시와 공공의 영역에서 기독교가 감화력을 발휘해야 함을 강조하며, '복음적 정의'라는 개념을 통해 정치적 참여의 신학적 근거를 제시했다.

침묵은 중립이 아니라 방조다

디트리히 본회퍼는 나치 독일 치하에서 침묵한 교회를 비판하며, "불의에 맞서지 않는 것은 그 불의에 동조하는 것이고, 말하지 않는 것은 말하는 것이다"라고 했다. 오늘날 한국 사회에서도 부정부패, 부동산 투기, 교육 왜곡, 성 가치관의 혼란 등 다양한 문제가 지역 정치의 틀 속에서 벌어지고 있다. 기독교인이 그 자리에 침묵하고 방관한다면, 그것 자체가 불의에 대한 방조가 된다.

믿음은 단지 '교회 안에서의 삶'만을 의미하지 않는다. 믿음은 세상 속에서 살아가는 태도와 선택, 가치관과 실천을 모두 포괄한다. 예배당 문을 나서는 순간, 우리는 세상 속에서 하나님의 사람으로 살아야 하며, 그것은 정치라는 영역도 예외일 수 없다.

정치 참여는 신앙의 실천이다

정치는 법과 제도, 예산과 조직, 권한과 책임의 문제다. 곧 사람들의 삶을 실질적으로 변화시키는 영역이다. 신앙인은 이 땅에서 이웃을 사랑하라는 하나님의 명령에 순종하는 사람이다. 그렇다면 이웃의 삶에 영향을 미치는 정치에 대해 무관심한 것이 과연 순종일 수 있는가?

하나님 나라를 위해 기도한다면, 우리는 동시에 그 나라를 위해 움직여야 한다. 정의가 강물처럼 흐르고, 공의가 마르지 않는 강처럼 흘러넘치길 바란다면, 그 물줄기를 터주기 위해 우리 손에 삽을 들어야 한다.

정치는 믿음과 상관없다는 말은 오해다. 아니, 거짓이다.

믿음은 곧 실천이며, 정치도 하나님의 통치가 미쳐야 할 땅의 영역이다. 이제 우리는 이 질문을 바꿔야 한다.

"정치와 믿음은 상관없는가?"가 아니라 "믿음으로 어떻게 정치할 것인가?"로 말이다.

이 책은 그 질문에 함께 답해가는 여정이 될 것이다.

당신이 지금 서 있는 마을, 그곳에서부터 시작하라.

정치는 생각보다 훨씬 가까이에 있다.
누군가를 위해 기도할 때,
당신은 이미 정치를 시작한 것이다.
당신은 그 사람의 삶이 바뀌길 바라고,
세상이 더 정의롭고 평화로워지길 간구하고,
무너진 질서가 회복되기를 기대하기 때문이다.

2

성경은 정치적 책임을
어떻게 말하는가?

우리는 종종 성경을 '개인 구원의 책'으로만 읽는다. 죄와 회개, 구원과 영생, 기도와 경건, 거룩한 삶에 집중하면서, 세상과 사회, 공동체, 제도에 대한 하나님의 관심은 놓치기 쉽다. 그러나 성경은 단지 개인의 내면을 정화하는 경전이 아니라, 하나님의 정의와 질서가 역사 속 공동체 안에서 어떻게 구현되는가를 보여주는 통치의 책이기도 하다.

성경에 등장하는 수많은 인물과 이야기는 단지 신앙적 교훈을 주기 위한 기록이 아니다. 그것은 삶의 자리에서 하나님의 뜻을 실천하려 했던 사람들의 구체적 선택과 결단을 보여준다. 그리고 그 선택들 중 많은 부분은 '정치적 행동'이기도 하다.

하나님은 공동체 전체에 관심이 있으신 분

성경을 펼치면 맨 처음 등장하는 사건은 하나님께서 세상을 창조하시는 장면이다. 하나님은 사람을 창조하시고, 그들에게 "땅을 정복하라", "다스리라"고 명령하셨다(창 1:28). 여기서 '다스리다'는 말은 단지 정원 가꾸기의 차원을 넘는다. 그것은 하나님께서 위임하신 통치 행위, 곧 공공의 책임을 뜻한다.

사람은 하나님의 형상으로 지음받은 존재로서, 단지 개인의 경건한 삶을 살아가는 데 그치지 않고, 이웃과 사회를 돌보고 책임지는 존재로 부름받았다. 구약의 율법도 마찬가지다. 단지 제사나 정결법뿐 아니라, 가난한 자를 돌보는 법, 땅을 나누는 법, 재판과 형벌에 관한 법 등 사회적 질서와 정의에 관한 내용이 절반 이상을 차지한다.

하나님은 이스라엘이라는 공동체 전체를 통해 세상을 회복시키길 원하셨고, 그 공동체는 단지 성경공부만 잘하는 무리가 아니라 정의롭고 공정하며, 약자를 돌보는 공동체여야 했다.

요셉: 제국의 경제 총책이 된 신앙인

창세기 41장을 보면, 요셉은 애굽의 바로왕 앞에 서게 된다. 감옥에 갇혀 있던 죄수에서 하루아침에 총리가 된 그의 이야기는 많은 설교에서 '하나님의 기적'으로 해석된다. 그러나 그 기적은 단지 개인의 승진 스토리가 아니었다. 요셉은 당시 제국의 식량 정책과 경제 시스템을 책임지는 행정 리더가 되었으며, 흉년 시기에 수많은 생명을 살리는 정책 결정자가 되었다.

요셉은 정치인이었다. 하나님의 뜻에 따라 움직이는, 공적인 책임을 감당하는 통치자의 역할을 감당한 것이다.

그러면서도 요셉은 믿음의 정체성을 버리지 않았다. 오히려 하나님의 지혜를 근거로 경제 구조를 설계했고, 위기 속에서 공공의 선을 실현하는 행정 모델을 제시했다. 그의 행동은 정치적이면서도, 동시에 신앙적이었다.

모세: 민족을 이끈 지도자이자 입법자

모세는 단순히 출애굽의 인도자가 아니라, 이스라엘 사회 전체의 구조를 설계한 입법가였다. 하나님은 그에게 십계명을 비롯해 각종 율법을 주셨고, 그것은 단지 제사에 대한 규례가 아니라 공동체 질서 유지와 정의 실현을 위한 규범 체계였다.

출애굽기 18장에서는 모세가 지나치게 많은 재판을 혼자 맡자, 장인 이드로가 "능력 있는 사람들을 뽑아 천부장, 백부장, 오십부장, 십부장을 세우라"고 조언한다. 이는 곧 사법 체계와 행정조직의 탄생이다. 모세는 단지 영적 리더가 아니라, 민족의 행정과 입법, 사법을 책임지는 정치 지도자였던 것이다.

그는 하나님과 사람 사이의 중보자로서, 때로는 하나님께 이스라엘의 생명을 간구했고(출 32:11-14), 때로는 백성을 향해 하나님의 뜻을 강하게 선포했다. 이러한 균형감은 오늘날의 정치인들에게도 좋은 본보기가 된다.

다니엘: 권력의 심장부에서 믿음을 지킨 정치가

바벨론 제국에서 다니엘은 젊은 나이에 왕의 측근이 된다. 그는 총리급 지위에 올라서며 제국의 행정을 함께 책임졌다. 그러나 그는 정치의 중심에 있으면서도 자신의 신앙 정체성을 분명히 지켰다.

그는 음식 문제에서 타협하지 않았고, 기도하는 삶을 멈추지 않았다. 사자굴이라는 위협 앞에서도 그는 신앙을 앞세운 정치가로 서 있었다. 그의 정치적 성실함은 "국사에 대하여 다니엘을 고발할 근거를 찾고자 하였으나 아무 근거, 아무 허물도 찾지 못하였으니 이는 그가 충성되어 아무 그릇됨도 없고 아무 허물도 없음이었더라"(단 6:4)는 대목에서도 잘 드러난다.

다니엘은 정권이 바뀌어도 흔들리지 않았다. 그는 바벨론, 메대, 바사의 통치자들 아래에서도 계속 하나님의 사람으로서 정치를 감당했다.

느헤미야: 현장감 있는 행정가, 회복의 리더

느헤미야는 페르시아 왕국의 고위 관료였으나, 예루살렘의 폐허 소식을 듣고 자원해서 귀환하여 성벽을 재건했다. 그는 단지 건축 기술자가 아니라, 조직을 운영하며, 민심을 다스리고, 외부 위협에 대응하는 복합적 리더였다.

느헤미야 5장을 보면, 그는 고위 귀족들이 백성에게 고리대금을 취하고 땅을 빼앗는 불의를 꾸짖는다. 그는 자신이 정치적 권위를 가졌음에도 사익을 추구하지 않고, 자신의 재산으로 백성들을 섬긴다. "나는 총독의 녹을 먹지 않았다"는 그의 고백은 정치인의 청렴성의 모범이 된다.

느헤미야는 기도와 행동을 겸비한 리더였다. 그는 정치적이며 동시에 영적이었다. 이 두 요소는 결코 분리되지 않았다.

에스더: 왕비의 자리를 민족을 위해 사용하다

에스더는 왕비라는 자리에 있으면서도 자신이 유대인임을 숨기고 지냈다. 그러나 하만의 음모로 민족이 몰살당할 위기에 처하자, 그녀는 '죽으면 죽으리이다'라는 결단과 함께 왕 앞에 나아가 민족을 구해내었다.

에스더는 자신의 위치를 하나님의 뜻을 위해 사용하는 정치적 결단을 내린 것이다. 그녀의 행동은 한 나라의 운명을 바꾸었다.

"네가 왕후의 자리를 얻은 것이 이때를 위함이 아닌지 누가 알겠느냐"(에 4:14). 모르드개의 이 말은 오늘날 신앙인의 정치 참여 명분을 강하게 붙잡아준다. 우리는 하나님께서 우리를 이 시대의 특정한 자리에 두신 이유를 믿음으로 해석하고 순종해야 한다.

바울: 로마 제도 안에서 복음을 전한 전략가

신약의 바울도 정치에 대해 무관심하지 않았다. 그는 로마 시민권자였고, 자신의 권리를 알고 있었으며, 적극 활용했다. 그는 억울한 판결을 받자 로마 황제에게 상소했고, 황제 앞에서 복음을 전하겠다는 사명감으로 재판 절차를 밟았다(행 25:11).

바울은 복음을 전하기 위해 제국의 시스템을 도구로 사용한 전략적 정치 참여자였다. 그는 복음과 체제를 적절히 연결하며, 공적인 담론 속에 하나님의 말씀을 심었다.

또한 그는 디모데와 디도에게 '위정자를 위해 기도하라'고 가르쳤고, 교회 공동체가 사회와 제도에 대해 기도와 영향력을 행사해야 함을 일깨웠다.

정치 참여는 성경적 사명이다

이처럼 성경 속의 인물들은 단지 '믿음 좋은 사람'이 아니라, 공동체의 책임을 감당한 사람들이었다. 그들은 때로는 권력자였고, 때로는 약자였으며, 어느 경우에도 하나님 나라의 가치를 공공의 영역 속에서 실현하려 애썼다.

기독교인의 정치 참여는 단지 세상 문제에 관심을 가지는 정도가 아니다. 그것은 하나님의 통치를 이 땅에 구현하는 구체적 도구가 될 수 있다. 예수님이 "너희는 세상의 빛과 소금이라"고 하셨을 때, 이 말씀은 골방 기도만이 아니라 세상의 구조와 질서 속에서의 영향력을 뜻했다.

기도는 시작이고, 정치 참여는 순종의 한 방식이다. 정치는 불의한 세상의 질서를 하나님의 방식으로 돌려놓는 실천이다. 성경은 침묵하지 않는다. 그 목소리에 귀 기울인 사람들은 시대를 바꾸었다. 이제는 우리 차례다.

하나님께 간절히 기도하는 당신은
이미 이 시대의 정의와 회복을 꿈꾸고 있는 사람이다.
다만, 기도만으로는 부족할 때가 있다.
우리는 기도한 대로 행동해야 하고,
믿은 대로 세상 속에서 살아내야 한다.

3

예수님은 공공의 영역을
외면하지 않으셨다

예수님은 정치인이 아니셨다. 하지만 그분은 철저히 공공의 영역에서 사역하신 분이었다. 우리는 종종 예수님을 내면의 평안을 주시는 분, 영혼의 구원자, 개인적 경건의 모범으로만 생각한다. 물론 틀린 말은 아니다. 그러나 그 시선을 고정한 나머지, 우리는 그분이 실제로 사람들의 삶 한복판에서 사회 구조와 가치, 질서에 대해 도전하셨던 공공의 인물이라는 사실을 놓치곤 한다.

예수님의 복음 선포는 결코 개인주의적이지만은 않았다. 그것은 죄 사함의 메시지를 넘어서 하나님의 통치가 이 땅에 임한다는 선언, 곧 새로운 정치적 질서의 선언이었다.

하나님 나라 선포: 가장 정치적인 복음

예수님의 공생애 사역의 핵심 메시지는 "회개하라 천국이 가까이 왔느니라"(마 4:17)였다. 여기서 '천국', 곧 '하나님 나라'는 단지 죽어서 가는 장소나 내면의 상태를 의미하지 않는다. 헬라어 '바실레이아'는 '왕의 통치', '다스림'을 뜻하는 정치적 용어다.

즉, 예수님은 새로운 왕국의 도래를 선포하신 것이다. 그리고 그 왕국은 로마 제국의 지배도, 유대 종교 지도자들의 질서도 아닌, 하나님의 통치 아래 놓이는 새로운 질서였다. 이 선언은 단순히 종교적 언어가 아니라, 당시 사회 구조 전체에 대한 도전이었다.

예수님의 하나님 나라는 정치적 체제를 직접 뒤엎는 혁명은 아니었지만, 그 체제를 넘어서는 새로운 가치 질서를 세우는 혁명이었다. 이는 정통 유대 지도자들에게는 위협이었고, 로마에게는 위험 요소로 간주되기에 충분했다.

가난한 자, 병든 자, 여성을 위한 공적 사역

예수님의 공적 사역은 누구와 함께하셨는지를 보면 더욱 분명해진다. 그분은 당시 사회에서 소외된 자들과 함께하셨다. 세리와 창녀, 병든 자, 귀신 들린 자, 과부와 고아, 이방인, 여성, 그리고 어린아이들까지. 모두 사회 구조 안에서 약자 혹은 비주류로 분류된 존재들이다.

그들에게 다가가신 예수님의 행위는 단순한 개인 구원의 사건이 아니라, 사회적 경계와 제도를 무너뜨리는 공공 개입이었다.

예를 들어, 예수님은 사마리아 여인과 정오에 우물가에서 대화를 나누신다(요 4장). 이는 당시 유대 사회의 관습과 정면으로 배치되는 행동이었다. 유대인 남자가 사마리아 여인, 그것도 여러 번 결혼한 여인과 단둘이 대화하는 것은 도저히 받아들일 수 없는 일이었다. 그러나 예수님은 그런 틀을 깨셨다.

또한 예수님은 열두 해 혈루증을 앓던 여인을 "딸아"라고 부르시며 회복시켰고(막 5:34), 장례 행렬 중 과부의 아들을 살리셨으며(눅 7:11-17), 나병

환자의 손을 맞잡고 고치셨다(막 1:41). 이러한 행위는 단순한 '기적'이 아니라, 당시 종교와 사회가 만든 배제의 질서를 해체하는 공적 선포였다.

성전 청결 사건: 가장 급진적인 정치 행동

요한복음 2장과 마태복음 21장 등에서 예수님은 성전에 들어가 상을 뒤엎고, 비둘기 파는 자들을 쫓아내신다. 많은 사람들은 이것을 예배의 본질 회복 정도로만 해석한다. 하지만 이 장면은 명백한 정치적 행위다.

성전은 단지 종교적 공간만이 아니었다. 당시 예루살렘 성전은 종교와 정치, 경제가 결합된 권력의 중심지였다. 대제사장 가문은 세습되었고, 제사권과 환전권, 제물 판매권 등 막대한 재정과 정치 권력을 행사하고 있었다.

그 성전에서 상을 뒤엎고 외친 '강도의 소굴'이라는 외침은, 단순한 분노 표현이 아니라 체제의 부패를 폭로하는 급진적 선언이었다. 이것은 곧 예수님의 십자가형으로 이어지는 직접적 원인 중 하나가 되었다.

이 장면에서 우리는 예수님의 분노가 사적 감정이 아닌 공적 정의에 근거한 행동임을 본다. 그는 부패한 구조를 정면으로 마주하며, 하나님 나라의 질서를 새롭게 선언하셨다.

안식일 논쟁: 율법 해석과 제도의 충돌

예수님은 안식일마다 병자를 고치셨다. 고의적으로 그렇게 하신 것처럼 보일 정도다. 왜 하필 안식일이었을까? 그것은 종교 제도와 인간 생명의 가치를 충돌시켜, 하나님의 뜻이 어디에 있는지를 드러내기 위해서였다.

바리새인들은 안식일에 병을 고치는 일이 '율법을 어긴 것'이라고 정죄했다. 그러나 예수님은 "안식일이 사람을 위하여 있는 것이요 사람이 안식일을 위하여 있는 것이 아니니"(막 2:27)라고 말씀하신다. 다시 말해, 율법의 참된 의미는 사람을 살리는 데 있고, 율법은 생명보다 우선될 수 없다는 것이다.

이처럼 예수님은 단순히 병을 고치신 것이 아니라, 공적 해석과 질서에 도전하신 것이다. 그분은 질서 자체를 부정하지 않으셨지만, 그 질서가 사람을 억누르고 죽게 만든다면 기꺼이 해체하셨다. 이것은 오늘날 제도와 정책, 법률 속에서 고통받는 이들을 위해 우리가 어떻게 싸워야 하는지를 말해준다.

권위에 대한 도전, 순종의 재정의

예수님은 "가이사의 것은 가이사에게, 하나님의 것은 하나님께 바치라"(마 22:21)고 말씀하셨다. 이 말씀은 세속 권력과 하나님의 권위 사이의 구분을 드러내는 구절로 흔히 오해된다. 그러나 실제로 이 말씀은 로마 체제의 권위를 인정하는 동시에, 하나님의 주권이 모든 것을 포괄한다는 메시지다.

'가이사의 것'이 과연 어디까지일까? 세금일까? 영토일까? 생명일까? 예수님의 말씀은 결국, '너희 존재 전체는 하나님의 것이다'라는 선언으로 귀결된다.

즉, 예수님은 권위에 맹종하지도, 반항하지도 않았지만, 모든 권위의 최종 권한이 하나님께 있다는 사실을 분명히 하셨다.

이런 입장은 오늘날 우리가 어떤 정치 체제 속에 있든지 간에, 정당하지 않은 권력에 대해 신앙적 이유로 저항할 수 있는 자유와 책임을 말해준다.

십자가: 정치와 영성이 충돌한 자리

예수님의 십자가는 단지 영혼 구원을 위한 사건이 아니다. 그것은 정치와 영성, 권력과 진리, 체제와 믿음이 정면으로 충돌한 역사적 사건이다. 예수님은 로마법에 따라 십자가형을 받으셨고, 대제사장 가문은 그를 반역자로 몰았다.

그러나 그분은 침묵하셨다. 무기력함이 아니라 그 체제를 전복하는 또 다른 방식의 승리, 곧 부활로 이어지는 하나님 나라 방식의 승리였다.

십자가는 가장 정치적인 방식으로 하나님 나라를 선포한 사건이다. 예수님은 칼을 들지 않으셨지만, 진리를 들고 체제 한가운데로 걸어가셨다. 그리고 "너희는 먼저 그의 나라와 그의 의를 구하라"(마 6:33) 하셨다. 그 '나라'는 우리 삶의 가장 정치적인 선택을 포함한다.

예수님의 공공 사역, 오늘의 교회와 그리스도인에게

예수님은 회당 안에서만 말씀하신 분이 아니셨다. 시장, 길거리, 해변, 광야, 성전, 산 위에서 말씀하셨다. 그분의 청중은 가난한 자, 고통받는 자, 사회에서 배제된 자들이었다.

오늘날 교회는 그 예수님의 메시지를 단지 교리나 개인 구원으로 축소시키고 있지 않은가? 예수님은 공공의 영역에서 사역하셨다. 그리고 그분을 따르는 우리는 세상 속에서 그 공공성을 실현해야 한다.

권력의 독주를 비판하고, 불의한 정책에 목소리를 내고, 정의롭지 못한 개발에 저항하며, 사회적 약자를 위한 제도를 만들고, 공정한 법 집행을 요구하고, 투명한 행정을 감시하는 것, 이 모든 것이 하나님 나라의 확장을 위한 믿음의 행동이다.

믿음은 거리로 나온다

예수님은 하나님 나라를 말만 하시지 않았다. 그분은 행동하셨다. 그 행동은 개인의 삶을 바꿨고, 공동체를 흔들었으며, 체제를 도전했다. 그것이 복음의 힘이다.

복음은 골방에서 시작될 수 있지만, 세상으로 나와야 완성된다.

우리는 이제 더 이상 신앙과 정치를 분리하지 말아야 한다. 예수님의 삶이 그 경계를 무너뜨렸기 때문이다.

공공의 영역을 외면하지 않으셨던 예수님처럼, 오늘 우리도 세상의 길 위에서 하나님 나라를 살아내야 한다.

4

정치는 세속인가,
하나님의 영역인가?

기독교 신앙이 깊을수록, 정치로부터 멀어지는 것이 신앙적인 것처럼 여겨지는 풍조가 있다. '정치는 세속의 일이고, 우리는 하늘나라 시민이니 거룩하게 살자'는 말은 겉보기에 신령해 보일 수 있다. 그러나 과연 그 말이 성경적인가? 정말 정치는 하나님과 무관한, 믿음의 사람이라면 손대지 말아야 할 '더러운 세계'에 불과한가?

이 장에서는 이 물음에 신학적, 성경적, 역사적 관점으로 함께 답해보고자 한다. 그 중심에는 '그리스도는 만유의 주'(엡 1:22; 골 1:16)라는 선언이 있다.

정치도 물론 예외가 아니다. 정치는 하나님의 통치가 미쳐야 할 영역 중 하나다.

'성'과 '속'을 나누는 이원론의 오류

기독교 역사에서 자주 반복되어온 오류 중 하나는 영적인 것과 세속적인 것을 이분법적으로 분리하는 것이다. 이원론적 신앙은 '기도는 거룩하지만 행정은 세속이다', '예배는 신령하지만 투표는 현실이다', '목회는 성스럽고 정치 참여는 오염되었다'는 식의 사고를 정당화한다.

하지만 성경은 그렇게 구분하지 않는다. 하나님의 창조 질서는 온 세상을 포함한다. 땅과 하늘, 개인과 공동체, 영혼과 육체, 교회 안과 바깥 모두를 포함한다. 모든 삶은 하나님 앞에서 신앙적으로 살아가는 영역이다.

정치는 세속인가? 아니다. 정치는 하나님의 창조 질서 안에서 사람을 살리고 공동선을 세우는 도구가 될 수 있다. 오히려 정치를 '하나님 없는 영역'으로 만들어버리는 것이 진짜 문제다.

아브라함 카이퍼: '그리스도는 모든 영역의 주인이시다'

이 주제를 다룰 때 반드시 언급해야 할 인물은 아브라함 카이퍼(Abraham Kuyper, 1837 - 1920)다. 그는 네덜란드의 목회자이자 신학자였고, 언론인으로 활동했으며, 나중에는 네덜란드의 총리까지 지낸 인물이다.

카이퍼는 이렇게 선언했다. "우리 인간 삶의 모든 영역에서 만유의 주재이신 그리스도께서 '나의 것이다!'라고 외치지 않는 영역은 한 치도 없습니다."[1]

이 말은 곧 정치, 교육, 노동, 예술, 과학, 언론 등 모든 영역이 하나님의 주권 아래 놓여 있다는 '영역 주권(sphere sovereignty)'을 의미한다.

카이퍼에 따르면, 하나님은 각각의 삶의 영역에 고유한 질서를 부여하셨고, 그 영역들은 서로 간섭하지 않으면서도 하나님의 주권 아래 조화를 이루어야 한다. 정치는 그 자체로 세속적이거나 타락한 것이 아니다. 정치는

1　Abraham Kuyper, *Souvereiniteit in Eigen Kring*, 박태현 역, 『아브라함 카이퍼의 영역 주권』(군포: 다함, 2020), 71.

하나님의 통치를 세상에 구현하는 한 방식이며, 신자는 그 영역 안에서도 부름받는다.

성경 속 정치 이야기의 실질적 의미

앞선 장들에서 다룬 요셉, 다니엘, 느헤미야, 에스더, 모세 등의 삶을 다시 떠올려보자. 이들은 교회 안에서만 살지 않았다. 그들은 제국의 한복판, 권력의 최전선, 백성들의 삶이 결정되는 자리에서 하나님의 뜻을 실현했다.

그들이 정치적 권력의 중심에서 일했다는 이유만으로 신앙을 저버렸는가?

아니다. 오히려 그 위치를 통해 하나님의 공의와 긍휼을 실천했다는 점에서 더욱 거룩했다. 그렇기에 우리는 정치를 하나님과 무관한 영역으로 여겨선 안 된다.

예수 그리스도의 주권: 구원만이 아니라 통치의 선언

예수님을 '구세주(Savior)'로 고백하는 데는 익숙하다. 그러나 '주님(Lord)'으로 고백하는 데에는 실천이 따르기 때문에 꺼리는 경향이 있다. 하지만 초대교회 신자들은 '예수는 주시다(Κύριος Ἰησοῦς)'라는 고백 하나로 생명을 걸었다. 이는 로마 황제 '가이사'에 대한 복종을 거부하고, 그리스도가 이 세상의 진정한 주권자라는 신앙 고백이었기 때문이다.

예수님의 주권은 단지 교회 안에서만 유효한 것이 아니다. 모든 통치, 제도, 질서, 권력 위에 그리스도의 주권이 있음을 믿는다면, 우리는 정치도 그분의 통치 아래 놓여야 한다고 고백해야 한다.

정치는 하나님의 뜻을 펼칠 수 있는 장

그렇다면 왜 많은 사람이 정치를 세속적으로 여기는가? 이유는 간단하다. 정치가 타락했기 때문이다.

그러나 타락했다고 해서 그것이 본질적으로 부정한 것은 아니다. 교육도, 예술도, 경제도 타락할 수 있다. 하지만 우리는 그것들을 포기하지 않는다. 오히려 그 속에서 빛을 비추려고 노력한다.

정치도 마찬가지다. 정의롭지 않은 정치, 부패한 정치, 권력형 비리는 하나님의 뜻에 어긋난다. 그렇기에 신자가 그 영역에 들어가야 한다. 빛이 어둠 속에서 빛나야 하듯, 믿음의 사람들은 "정치는 세속적이니 손대지 말자"가 아니라, "그 자리를 회복하자"고 외쳐야 한다.

정치적 행동은 사랑의 표현이 될 수 있다

정치 참여는 단지 제도 개혁이나 법률 변경의 문제가 아니다. 그것은 이웃 사랑의 구체적 표현이 될 수 있다.

예를 들어, 기초수급 제도를 확장하는 법안을 지지하는 것, 어린이 보육시설을 늘리는 조례를 발의하는 것, 공공임대주택의 투명한 배정을 감시하는 것, 불공정 입시제도를 개선하려는 시민단체에 참여하는 것 등, 이 모든 것이 이웃을 위한 사랑의 실천이며, 동시에 정치적 행동이다.

정치는 곧 구조와 질서에 영향을 주는 일이기에, 사랑을 제도화하는 수단이 될 수 있다.

하지만, 우리가 정치에 무관심한 순간, 그 자리는 사랑이 아닌 탐욕이 채운다. 그렇게 되도록 내버려 두면 안 된다.

부르심은 교회 안에만 존재하지 않는다

많은 신자들은 "나는 목회자가 아니니까", "나는 선교사가 아니니까"라고 말하며, 자신의 직업이나 위치가 신앙과 무관하다고 여긴다. 그러나 성경은 우리 모두를 '세상의 빛과 소금'으로 부르셨다.

그 말은 곧, 정치, 행정, 교육, 법률, 언론, 복지, 환경 등 모든 영역에서 하나님 나라의 가치를 드러내는 사명자라는 뜻이다.

누군가는 교회 안에서 설교하고, 누군가는 시청 안에서 정책을 만들고, 또 누군가는 의회 안에서 정의를 말해야 한다. 모두 하나님의 부르심이며, 예배당 안과 밖의 사명이 따로 존재하지 않는다.

정치, 그것은 하나님의 영역이다

정치를 하나님 없는 세속의 땅으로 남겨두는 것은 교회의 실수이자, 우리 세대의 신학적 오류다. 우리는 이제 용기를 내어 말해야 한다.

"정치는 하나님의 통치가 미쳐야 할 영역이다."

이 말은 정치인이 되라는 뜻만이 아니다. 정치에 관심을 갖고, 바르게 판단하고, 참여하고, 감시하고, 기도하고, 지지하고, 도전하는 모든 행위가 믿음의 실천이 될 수 있다는 뜻이다.

주일의 고백이 월요일에 이어지려면

우리는 주일마다 '예수는 주시다!'라고 고백한다.

하지만 그 고백이 월요일의 정책 결정과 화요일의 시의회 방청, 수요일의 청년 정치 교육, 목요일의 뉴스 생성과 금요일의 유권자 모임, 토요일의 투표까지 연결되지 않는다면, 그 고백은 공중에 흩어지는 메아리에 불과하다.

주님은 교회만의 주님이 아니라, 세상의 주님이시다. 정치도, 복지도, 법도, 문화도 그분의 통치 아래 있다. 우리가 '믿음으로 정치한다'는 것은, 바로 이 진리를 삶의 현장에서 인정하고 살아내는 것이다.

복음은 단지 '내면의 평안'을 주는 도구가 아니다.
복음은 세상을 바꾸는 능력이다.
세상을 다시 하나님 나라로 바꾸는 말씀이며,
혼자만이 아니라 공동체를 살리는 생명의 진리다.

5

하나님 나라와 공공 정의:
카이퍼와 쉐퍼가 말한 신앙의 확장

"예수는 나의 구세주입니다."

이 말은 복음적인 고백이다. 하지만 그 고백이 '예수는 정치의 주인이시다'라는 말로 이어질 수 없다면, 그 신앙은 교회당 안에 갇힌 신앙일지도 모른다.

기독교는 단지 개인 구원이나 내면의 경건을 위한 종교가 아니다. 하나님은 단지 영혼만이 아니라 이 세상의 모든 영역을 회복하시길 원하시는 분이다.

이 장에서는 하나님의 주권이 '공공 정의'와 '정치'에까지 어떻게 미치는가를 설명하며, 그 내용을 가장 신학적으로 체계화했던 두 인물, 아브라함 카이퍼와 프란시스 쉐퍼의 사상을 통해 풀어가고자 한다.

하나님의 주권은 '모든 영역'에 미친다

"우리 인간 삶의 모든 영역에서 만유의 주재이신 그리스도께서 '나의 것이다!'라고 외치지 않는 영역은 한 치도 없습니다."[2]

이 말은 아브라함 카이퍼가 1880년 암스테르담 자유대학교 개교 연설에서 했던 선언이다. 당시 카이퍼는 신학자였으며 언론인이었고, 나중에는 네덜란드의 총리가 된다.

그의 이 한 문장은 단지 정치적 구호가 아니다. 기독교 세계관의 핵심 명제이며, 하나님의 통치에 대한 신학적 고백이다.

카이퍼는 기독교 신앙이 교회나 예배, 개인의 경건에만 국한될 수 없다고 보았다. 그는 모든 삶의 영역(정치, 교육, 언론, 과학, 예술, 가정, 경제 등)이 하나님의 주권 아래에 있다고 믿었다. 그는 이것을 바로 '영역 주권(sphere sovereignty)'이라는 개념으로 발전시켰다.

'영역 주권'이란 무엇인가?

카이퍼는 하나님께서 인간 사회를 다양한 '영역(sphere)'으로 창조하셨다고 믿었다. 가정, 교회, 국가, 학교, 기업, 미디어, 예술 등이 각각 고유한 영역이며, 이들에는 고유의 법칙과 역할이 있다. 중요한 점은, 이 모든 영역이 서로 간섭 없이 하나님의 주권 아래 자율적으로 운영되어야 한다는 것이다.

예를 들어, 국가는 교회에 설교를 명령해서는 안 되고, 교회도 국가의 사법권을 침해해선 안 된다. 하지만 두 기관 모두 하나님의 통치 아래 있으므로, 공의와 질서를 실현해야 할 의무는 동일하다.

카이퍼는 이를 통해 신앙인이 정치에 참여하는 것을 당연하게 여겼다. 그는 '정치는 더러운 것이 아니라, 하나님의 질서를 구현하는 통치의 도구'라고 보았다.

---

2 Kuyper, 『아브라함 카이퍼의 영역 주권』, 71.

카이퍼의 삶: 말뿐이 아니라 실천이 있었다

카이퍼는 자신의 사상을 말로만 주장하지 않았다. 그는 실제로 정치 활동에 뛰어들어 정당을 창당하고, 신문을 운영하고, 교육기관을 세우고, 국가 개혁을 추진했다. 그는 신앙을 공적 삶 전체에 걸쳐 살아냈다.

그는 자신이 창당한 반혁명당(ARP)을 통해 기독교적 가치를 바탕으로 한 정치 활동을 전개했고, 기독교적 세계관을 교육할 수 있는 자유학교 운동을 펼쳤다. 그는 또한 '스탄다르트(De Standaard)'라는 신문을 창간해 언론을 통해 공공 담론을 형성하는 데에도 참여했다.

그의 총리 시절(1901-1905), 카이퍼는 교육의 자율성을 강화하고, 노동자 권익을 보호하며, 기독교적 사회 정의를 추구하는 정책을 시도했다. 물론 모든 것이 성공적이진 않았지만, 그의 신앙이 정치 · 교육 · 언론 · 복지 등 공공 영역 전체를 아우르는 방식으로 구현되었다는 점은 오늘 우리에게 깊은 통찰을 준다.

프란시스 쉐퍼: '하나님의 절대 진리는 문화에도 영향을 준다'

프란시스 쉐퍼(Francis Schaeffer, 1912–1984)는 20세기 복음주의 운동에 큰 영향을 끼친 미국의 신학자이며 변증가다. 그는 '라브리 공동체'를 통해 수많은 청년들과 지식인들에게 기독교 세계관의 공공성을 일깨워주는 삶을 살았다.

그는 『거기 계시는 하나님』, 『이성에서의 도피』, 『진정한 영적생활』, 『그러면 우리는 어떻게 살 것인가』, 『기독교 선언』 같은 저서들을 통해 당시 세속적 인본주의, 상대주의, 무신론적 세계관이 사회에 끼치는 영향을 비판했다. 그리고 교회가 그에 맞서 세상을 향해 말하고 행동해야 할 책임이 있다고 강조했다.

"하나님의 절대 진리는 문화, 사회, 정치, 법, 윤리, 예술에 영향을 미쳐야 한다." 이것이 그의 핵심 주장이다.

쉐퍼가 경고한 '침묵하는 교회'

프란시스 쉐퍼는 이런 취지의 말을 자주 했다. "교회가 말하지 않을 때, 세상은 하나님의 뜻을 알지 못한다."

그는 20세기 중반 미국의 급격한 도덕 해체와 문화 전쟁 속에서 교회가 정치와 공공의 문제에 침묵함으로써 얼마나 많은 윤리적 혼란을 방치했는지에 대해 날카롭게 지적했다. 교회가 하나님의 절대적 기준과 진리에 대해 침묵하면, 세상은 인간의 자율성과 상대주의에 휘둘린다는 점을 강력히 주장했다.

그는 교회가 지나치게 내면화되고 탈정치화되어, 세상에 아무런 영향력을 주지 못한 채 점점 사회의 외곽으로 밀려나고 있다고 경고했다.

쉐퍼는 그 대안으로 '신자 개개인의 적극적인 문화 참여와 정치적 행동'을 주장했다. 그는 기독교적 세계관을 따라 입법하고, 정책을 분석하고, 법과 제도를 만들고, 언론을 감시하고, 교육을 개혁할 수 있어야 한다고 강조했다.

'공공 정의(public justice)'란 무엇인가?

이제 '공공 정의'라는 개념을 살펴보자.

기독교 세계관에서 말하는 정의란, 단지 공평한 분배를 뜻하지 않는다. 그것은 하나님의 질서에 맞게 사람과 공동체, 사회 구조를 세우는 것이다.

공공 정의는 하나님의 정의가 정책, 법, 예산, 제도, 구조 속에 스며드는 과정이다.

예를 들어, 도시개발이 약자의 주거권을 침해하지 않도록 조정하는 것, 청년, 노인, 장애인에게 균등한 기회를 제공하는 정책을 만드는 것, 학교 교육에서 진리와 도덕성을 회복하는 것, 사회적 약자에게 복지와 존엄을 보장하는 제도를 만드는 것, 이 모두가 공공 정의를 실천하는 정치적 행위다.

오늘의 교회는 '카이퍼와 쉐퍼'가 필요한 시대에 살고 있다

오늘날 한국 교회는 정치에 대해 혼란과 피로감을 동시에 느끼고 있다. 한편으로는 정치에 너무 가까이 붙어 비판을 받고, 다른 한편으로는 지나치게 물러나 '방관자'가 되기도 한다.

이럴 때일수록 우리는 카이퍼의 통전적 시각과 쉐퍼의 공공적 책임 의식을 다시 회복해야 한다.

카이퍼는 '정치는 신앙의 확장이다'라고 말했고, 쉐퍼는 '말하지 않는 교회는 세상에 아무 영향도 끼치지 못한다'고 말했다. 이 두 사람의 목소리는 지금 우리가 이 책을 통해 말하려는 바, '믿음으로 정치하다'라는 주제에 정확히 부합된다.

믿음은 사적 영역을 넘어서야 한다

신앙은 결코 개인적인 문제에만 머물 수 없다. 예수님은 하늘과 땅의 모든 권세를 가지신 분이시며, 그분은 교회에만 머무르기를 원치 않으신다. 오히려 우리가 세상의 빛과 소금으로 공공의 영역에 들어가길 원하신다.

믿음은 반드시 삶 전체로 확장되어야 한다. 그리고 그 삶에는 투표, 정책, 입법, 예산, 지역 사회, 커뮤니티, 언론, 복지 등 수많은 공적 영역이 포함된다.

이제 우리는 신앙을 교회 안에서만 말하지 말고, 세상 속에서 살아내야 한다.

시장 선거에 후보로 나서지는 않더라도, 시의원 후보에게 정책 질의를 하지 않더라도, 시민단체를 만들지는 않더라도, 하나님의 정의와 질서를 위한 공적 관점으로 세상을 바라보고, 그 시선을 행동으로 옮기는 한 걸음 한 걸음이 믿음의 확장이다.

카이퍼가 말했고, 쉐퍼가 외쳤다. 그리고 이제는 우리가 행동할 차례다.

믿음은 정치할 수 있다. 믿음은 세상을 바꿀 수 있다.

제2부

기초정치,
마을을 바꾸는 힘

(기초자치단체와 신자의 현실 이해)

6

로컬 민주주의는
어떻게 움직이는가?

"민주주의는 마을에서 시작된다."

이 말은 단지 이상적인 수사에 그치지 않는다.

실제로 우리의 삶을 가장 가까이에서 결정짓는 많은 일은 국회나 청와대가 아닌 '시청', '군청', '구청'과 같은 기초자치단체에서 만들어지는 제도와 정책에 의해 결정된다.

아이를 어디 어린이집에 보낼 수 있을지, 재래시장 인근에 주차장이 설치될 수 있을지, 버스 노선이 어디까지 연장될 수 있을지, 이 모든 것이 기초자치단체의 손에서 나온다.

우리는 보통 '정치' 하면 대통령, 정당, 국회의원, 거대한 담론들을 떠올린다. 그러나 진짜 정치는 우리 동네 골목길, 아파트 단지, 전통시장, 어린이 놀이터, 경로당, 마을버스 노선, 그리고 그 모든 것을 운영하는 읍·면·동사무소와 시·군·구청에서 벌어지는 일이다.

그리고 그 정치의 이름이 바로 '로컬 민주주의(local democracy)'다. 이와 유사한 개념으로 '풀뿌리 민주주의'라는 말도 사용된다.

중앙 정치와 지역 정치의 차이

한국 사회는 오랫동안 중앙 집권적 정치 구조에 익숙했다. 수도 서울, 국회, 대통령 중심의 의사결정 구조는 '지방'이라는 개념을 보조적 위치에 머무르게 했다. 하지만 1991년 지방의회 부활과 1995년 지방자치단체장 선거가 도입되면서, 기초지방자치단체의 권한과 책임이 제도적으로 부여되었다.

지방의회 의원과 시장·군수·구청장은 선거를 통해 직접 선출된다.

그들은 교육, 교통, 복지, 도시계획, 환경, 문화 등 지역 주민의 삶과 밀접한 대부분의 정책을 기획하고 실행할 수 있는 권한을 가진다.

그리고 그들은 누구로부터 감시받는가? 바로 그 지역에 사는 주민, 즉 우리 자신이다.

'로컬', '풀뿌리'는 왜 중요한가?

'로컬', '풀뿌리'라는 단어는 그 자체로 함축적인 의미를 가진다. 정치가 높은 하늘에서 내려오는 명령이 아니라, 땅에서부터 자라나는 참여와 연대의 결과물이어야 한다는 것이다.

로컬 민주주의, 풀뿌리 민주주의는 다음과 같은 원칙을 갖는다.

첫째, 가장 가까운 곳에서 문제를 해결한다. 중앙정부가 알 수 없는 마을의 세부 사정을, 마을 주민 스스로 알고 결정할 수 있도록 한다.

둘째, 시민이 정책의 대상이 아니라 주체가 된다. 정치는 '시혜'가 아니라, '책임'이 되어야 한다.

셋째, 공공영역에 대한 주인의식을 회복시킨다. 무관심은 부패를 낳고, 참여는 투명성을 만든다.

넷째, 참여와 감시, 토론과 타협의 문화를 훈련한다. 민주주의는 결과가 아니라 과정이며, 함께 살아가는 기술이다.

기초자치단체는 무엇을 결정하는가?

한 지역의 시장, 군수, 구청장은 단순히 '집행기구'의 수장이 아니다. 그는 주민의 복지, 교육, 문화, 교통, 보건, 환경, 경제, 재정 등 대부분의 행정 서비스를 최종적으로 기획·조정·결정하는 책임자다.

또한 지역의 지방의원들은 각종 조례를 제정하고, 예산을 심의하며, 집행부를 감시한다.

쉽게 말해, 시의회, 군의회, 구의회는 그 지역의 국회이고, 시장, 군수, 구청장은 그 지역의 대통령이라고 이해하면 된다.

그렇기에 누가 시장이 되는가, 누가 시의원이 되는가는 단순히 '당선'의 문제가 아니다. 그것은 한 지역의 공적 가치가 어떻게 설계되고 집행될 것인가를 결정하는 일이다.

시민은 정치의 소비자가 아니라 공동 생산자

로컬 민주주의에서 시민은 단순히 투표에 참여하는 유권자만이 아니다.

시민은 '감시자'이자 '비평가', 때로는 '조력자'이자 '제안자', 나아가서는 '당사자'가 된다.

한 동네의 도서관이 사라질 위기에 처했을 때, 주민들이 모여 반대 의견을 제기하고 대안을 제시하는 것, 마을버스 노선이 폐지될 상황에서, 노선을 다시 조정해줄 것을 시에 요청하는 것, 아이들의 학교 급식 상태가 좋지 않음을 알게 되어 교육청에 개선을 촉구하는 것 등. 이 모든 행위는 풀뿌리 정치 참여이며, 동시에 지역 민주주의의 실천이다.

신앙인에게 이 참여는 단순한 '권리'가 아니라 '책임'이다

기독교 세계관에서 정치 참여는 단순한 권리가 아니라, 하나님이 맡기신 공동체에 대한 청지기적 책임이다.

하나님은 사람을 공동체 안에 살도록 창조하셨고, 바로 그 공동체를 정의롭고 평화롭게 유지하기 위한 질서를 위임하셨다.

'이웃 사랑'은 개인적인 선행을 넘어 공동체 전체의 삶의 질을 돌보는 일로 확장된다. 그리고 그것은 바로 풀뿌리 정치에 대한 관심과 참여를 통해 실현된다.

예수님은 작은 자에게 한 것이 곧 자신에게 한 것이라고 말씀하셨다(마 25:40). 그 '작은 자'의 눈물과 기쁨은 지역 정책과 제도에 의해 결정되며, 따라서 신자는 그 영역에 대해 기도하고, 알아보고, 참여하고, 제안하고, 행동해야 한다.

지역의 문제는 지역에서 해결해야 한다

중앙 정치만으로는 풀 수 없는 수많은 문제가 있다. 쓰레기 문제는 누구의 책임인가? 청년 일자리 창출은 어디에서 시작되어야 하는가? 어린이 놀이터의 안전은 누가 점검해야 하는가? 노인 돌봄 예산은 누가 책임지는가? 이 모든 문제는 기초지자체에서 시작하고, 기초지자체에서 상당 부분 해결될 수 있다.

그리고 바로 그 지점에서 기독교인이 참여할 수 있는 수많은 통로와 기회가 존재한다.

지역 정치의 장점: 작지만 강력한 영향력

기초 정치에 참여하면 규모는 작지만, 영향력은 깊다.

당선되기 위한 진입 장벽이 상대적으로 낮고, 지역 주민과의 관계가 밀

접하기 때문에 작은 실천이 큰 변화를 일으킬 수 있다.

예를 들어, 어떤 평신도 집사가 시의원으로 출마하여 보건복지 관련 조례를 하나 통과시켰다고 하자. 그 조례 하나로 인해 수많은 독거노인이 응급 알림 장치를 지원받을 수 있게 된다면, 그 정치적 결정은 단순한 행정 절차가 아니라 생명을 살리는 복음의 실천이 되는 것이다.

지역 민주주의의 핵심: 관계, 신뢰, 공동선

지역 정치에서 중요한 것은 거대한 이념보다, 관계와 신뢰다.

동네 주민들과 신뢰 관계를 맺고, 그 안에서 공동체의 이익을 추구하는 것. 신자는 그 자리에서 말의 무게, 삶의 진정성, 기도의 실천성을 보여줄 수 있다.

"좋은 신앙인은 좋은 시민이다"라는 말은, 동네 사람들에게 신뢰를 주는 사람, 거짓말하지 않는 사람, 약속을 지키는 사람, 공동체를 섬기는 사람을 뜻한다. 풀뿌리 민주주의는 결국 삶으로 신뢰받는 정치의 훈련장이다.

교회도 지역 정치의 중요한 파트너가 되어야 한다

지역 정치에 대해 "우리는 교회이니까 관여하지 않겠습니다"라고 말하는 것은, 오히려 공공의 책임을 회피하는 신앙일 수 있다.

지역 주민 센터와 협력해 취약계층 돌봄을 지원하거나, 청년 정치학교를 열어 기독 청년들의 참여를 장려하거나, 공정한 선거 문화를 위한 캠페인을 벌이는 것 등. 이 모든 활동은 교회가 공공 책임의 주체로 지역 정치에 참여하는 방식이 될 수 있다.

예수님은 말씀하셨다. "너희는 세상의 빛이라 … 너희 빛이 사람 앞에 비치게 하여 그들로 너희 착한 행실을 보고 하늘에 계신 너희 아버지께 영광을 돌리게 하라"(마 5:14-16).

지역 정치 안에서 그 빛이 더욱 환하게 비출 수 있다.

작은 참여가 마을을 바꾸고, 나라를 바꾼다

로컬 민주주의, 풀뿌리 민주주의는 단지 행정 용어가 아니다.

그것은 믿음의 사람들이 마을에서부터 하나님의 나라를 구현해가는 실제적 정치 모델이다.

기초의회 방청, 시민참여예산 제안, 시의원에게 정책 건의하기, 마을 공청회 참여 등 작고 단순한 행동 하나하나가 모두 하나님의 통치가 이 땅에 임하는 과정이 될 수 있다.

정치는 멀리 있는 거대 담론이 아니다. 정치는 나의 이웃, 나의 골목, 나의 마을이다.

그리고 그 마을을 향한 하나님의 뜻을 고민하고 실천하는 것, 그것이 바로 믿음으로 정치하는 첫걸음, 지역 민주주의, 풀뿌리 민주주의의 시작이다.

7

시장과 시의원이 하는 일,
신자는 무엇을 해야 하나?

"저 사람은 국회의원이 아니라 시의원이야."

이 말은 종종 '별로 영향력 없는 사람'이라는 뜻으로 들리기도 한다.

그러나 실제로 우리 삶에 영향을 주는 정치인은 누구일까? 내 아이가 다니는 초등학교에 방과 후 프로그램이 개설되는 일, 동네 골목에 가로등이 생기거나 없어지는 일, 과속 단속 카메라나 방범 카메라를 설치하는 일, 무분별한 아파트 개발로 마을 도서관이 사라지는 일, 노인들이 경로당에서 냉난방비를 지원받는 일, 쓰레기를 처리하는 일, 이 모든 것은 시장과 시의원의 결정에서 비롯된다.

그들이 하는 일은 단순히 행정적 처리나 회의 참석이 아니다. 그들은 한 도시의 일상과 질서를 책임지는 제도적 리더이자 정책 설계자다.

그리고 그런 자리에 신앙인이라면 어떻게 관여하고 참여해야 하는가?

이 장에서는 그 질문에 답해보려 한다.

시장은 '지역 대통령', 시의원은 '지역 국회의원'

기초지방자치단체에서 시장(또는 군수, 구청장)은 지방 행정의 최고 책임자다. 그는 지역의 모든 정책과 사업을 종합적으로 계획하고, 예산을 편성하며, 집행하고, 그 성과를 책임지는 사람이다.

한편 시의원(또는 군의원, 구의원)은 입법과 감시의 역할을 한다. 시의회는 조례를 만들고, 예산을 심의하며, 시장의 정책을 견제한다.

즉, 시장이 '정부'라면, 시의원은 '의회'다. 지역 차원에서 보면, 이들은 국가 전체 시스템의 축소판을 구현하는 주체들이다.

시장이 하는 일: 행정과 정치, 양면의 리더십

첫째, 정책 결정과 집행. 시장은 도시의 교통체계, 도시계획, 사회복지, 환경정책, 문화활동 등 전 영역에 걸친 정책을 직접 수립하거나 최종적으로 승인한다.

둘째, 예산 편성과 운영. 시장은 한 해 수천억 원에서 수조 원에 이르는 예산을 편성하고, 우선순위를 결정하며, 배분한다. 무엇에 얼마를 쓸지는 단지 행정이 아니라 철학과 가치의 문제다.

셋째, 조직 운영과 인사. 시장은 수천 명의 공무원 조직을 운영하며, 부시장과 국·과장급 간부를 인사 발령할 수 있는 권한을 가지고 있다. 인사는 정책의 방향을 결정짓는 힘이다.

넷째, 시민과의 소통. 시장은 시민의 요구와 민원을 접수하고 조정하며, 주민과의 협치 구조를 형성하는 리더 역할도 감당해야 한다.

즉, 시장은 단순한 행정가가 아니라, 한 지역의 방향을 이끌고, 예산을 집행하며, 인력을 조직하고, 철학을 담는 정치가다.

시의원이 하는 일: 작지만 날카로운 견제자

첫째, 조례 제정 및 개정. 시의원은 국회의원이 법을 만드는 것처럼, 지역에 적용될 '조례'를 제정하고 개정하는 역할을 한다(예, 청소년의 밤 10시 이후 출입을 제한하는 '청소년 보호 조례', 반려동물 등록을 촉진하는 '반려동물 조례' 등).

둘째, 예산 심의 및 결산. 시의회는 시장이 편성한 예산안이 합리적인지, 지역의 필요를 제대로 반영했는지를 심의하고 수정할 수 있다. 또한 매년 결산을 통해 실제 집행 내역을 검토한다.

셋째, 행정 감사 및 질의. 시의원은 시정 질문과 행정 감사 등을 통해 시장과 공무원들의 업무를 견제하고 감시하는 역할을 수행한다. 질문 한 마디가 행정의 방향을 바꾸기도 한다.

넷째, 주민의 의견 수렴과 전달. 시의원은 지역 주민의 의견을 수렴하고, 이를 시정에 반영할 수 있도록 목소리를 대변해야 한다. 신자들이 바른 정책 제안을 시의원에게 전달할 수 있는 이유가 여기에 있다.

즉, 시의원은 단순한 거수기가 아니며, 각 분야의 사정을 살피고, 주민들의 민원을 받아 예산을 세워 실제로 사업이 진행되도록 하면서, 시장의 시정 운영이 효과적으로 이루어지도록 돕는 시정의 파트너다.

신자는 무엇을 할 수 있는가?

이제 중요한 질문이다.

시장과 시의원이 하는 일은 알겠는데, 그렇다면 신자인 나는, 기독교인인 나는 그들과 관련하여 무엇을 해야 하는가?

첫째, 누가 시장·시의원이 되는지 '선택'하는 일. 시민의 권리이자 신자의 책임은, 투표를 바르게 행사하는 것이다. 한 명의 시장이 4년간 쥐는 예산과 권한이 적어도 수천억 원, 많으면 수조 원에 달하는데, 그것을 누구에게 맡길지 결정하지 않는 것은 책임 회피다. '누가 덜 나쁜가'를 고르는 게 아니라, 가장 바른 정책을 구현할 수 있는 사람을 분별해야 한다.

둘째, 그들의 정책을 '점검'하고 '질문'하는 일. 시청 홈페이지에 들어가 보면, 모든 정책은 공고된다. 예산안, 조례안, 공청회 일정, 각종 계획안들이 투명하게 올라온다. 신자는 이 정보를 적극적으로 확인하고 의견을 제출하거나, 직접 질문을 던지는 참여자가 되어야 한다. 지역의회 회의는 누구나 방청할 수 있고, 회의록도 열람할 수 있다. 기도하는 마음으로, 동시에 정책을 비판적으로 읽는 눈으로 참여하는 것, 이것이 믿음의 감시다.

셋째, 협력하고 제안하는 일. 신자가 주민자치회, 지역발전협의체, 청년 정책포럼, 각종 간담회 등에 참여하여 바른 방향의 의견을 제시하는 일은 매우 중요하다. 이것은 단순히 정치 참여가 아니라, 공동선의 구현을 위한 협력이다. 예를 들어, 지역아동센터 운영 예산이 축소된다는 정보를 접했을 때, 신자들이 그 문제의 본질을 이해하고 시의원에게 정책 질의를 요청하거나, 보완 대안을 제안하는 일은 매우 실제적인 섬김이다.

교회와 기독 시민단체의 역할

신자가 혼자 힘으로 정치 영역에 목소리를 내기 어렵다면, 교회 공동체와 기독 시민단체가 함께 움직여야 한다. 해볼 만한 일을 예로 들자면, 지역 시의원 초청 정책간담회 개최, 기초정책 감시 프로젝트, 선거 시 바른 정보 제공을 위한 공정한 후보 비교자료 배포, 지역 현안에 대한 기도회와 포럼 같은 것을 들 수 있다.

이런 활동은 정당 정치에 휘말리는 것이 아니라, 기독교적 가치에 기초한 공적 책임을 실현하는 좋은 방법이다.

기독 정치인의 기준은 무엇이어야 하는가?

기독교 신자가 시장이나 시의원으로 직접 출마하는 경우도 많아지고 있다. 그럴 때 중요한 것은 단지 신앙이 있느냐 없느냐가 아니라, 어떤 가치와 행동으로 그 믿음을 증명하느냐다.

기독 정치인이 가져야 할 세 가지 기준은 다음과 같다.

1. 청렴: 재정과 권한의 유혹 앞에서 흔들리지 않는 도덕성
2. 섬김: 권력을 휘두르는 것이 아니라, 주민을 위한 봉사의 자세
3. 공공성: 교회만이 아니라 지역 전체를 위한 정책 설계 능력

기도 잘한다고 정치를 잘하는 것이 아니다.

기도와 실력이 함께 가야 하고, 믿음과 청렴, 신앙과 전문성 모두가 겸비되어야 한다.

신자는 지역 정치의 동반자다

시장과 시의원은 시민들의 대리인이다. 그들이 어떤 결정을 내리는가는 결국 우리의 삶, 우리 이웃의 삶을 어떻게 할 것인가에 대한 선택이다.

그리고 신자는 거기에서 비판적 참여자이자, 대안적 설계자, 정직한 감시자, 믿음의 동반자가 될 수 있다.

정치는 멀리 있지 않다.

지금 우리 동네의 시장과 시의원이 누군지, 그들이 무엇을 하고 있는지 아는 순간부터, 신자는 하나님의 나라를 위한 지역 정치의 동반자로 첫걸음을 내딛게 되는 것이다.

신자라면 정치적이어야 한다.
정치적이라는 말은 정당을 선택하거나
시끄러운 싸움에 뛰어들라는 뜻이 아니다.
자신의 믿음을 바탕으로
세상의 문제에 책임감 있게 응답하라는 뜻이다.

8

하늘 시민권자,
땅의 정치에 책임지다

기독교인은 '이 땅에 살지만 이 땅에 속하지 않은 존재'다.

예수님은 제자들을 위해 이렇게 기도하셨다. "내가 비옵는 것은 그들을 세상에서 데려가시기를 위함이 아니요 다만 악에 빠지지 않게 보전하시기를 위함이니이다"(요 17:15).

신자는 하늘의 시민권을 가졌지만, 여전히 세상 안에 존재한다. 이 말은 단지 영혼의 소속만을 말하는 것이 아니다. 그것은 이 땅에서 하늘나라 원칙에 따라 살며, 하나님의 통치를 삶의 구석구석에 실현하는 존재로 살아가라는 사명이다.

그렇다면 우리는 어떻게 하늘의 시민권자이면서 동시에 땅의 정치에 책임지는 사람이 될 수 있을까?

시민권의 이중성: 하늘과 땅 사이에 선 존재

사도 바울은 빌립보서에서 이렇게 선언한다. "그러나 우리의 시민권은 하늘에 있는지라"(빌 3:20).

그런데 사도 바울은 로마 시민권자이기도 했다. 그는 자신이 로마 시민이라는 법적 지위를 전략적으로 사용해 복음 전파에 활용했다(행 22:25-29, 25:11).

그는 하늘의 시민으로서 하나님 나라를 추구했지만, 동시에 땅의 제도 안에서도 자신의 권리를 주장하고 책임을 다했다.

'이중 시민권자', 이것이 바로 신자의 정체성이다. 하지만 그 말은 결코 양다리를 걸친다는 뜻이 아니다. 오히려 하늘에 속한 정체성으로 이 땅의 질서와 공동체를 더욱 바르게 섬기는 존재가 되라는 뜻이다.

하늘 시민권자가 땅의 정치에 무관심할 수 있을까?

많은 신자들이 이런 말로 정치로부터 거리를 둔다. "우리는 이 땅이 아니라 하나님 나라의 백성이니까 정치에 얽매이지 말아야 해."

이 말은 신앙적으로 들리지만, 실은 무책임한 신앙적 회피일 수 있다. 하나님 나라는 미래의 도래가 아니라 현재의 실현이다. 예수님은 "하나님 나라가 가까이 왔다"고 선포하셨고, 그 나라의 실체는 병든 자가 치유받고, 억눌린 자가 자유를 얻으며, 귀신이 쫓겨나가고, 약자가 존중받는 세상이다.

그렇다면 그 나라는 어디서 시작되는가? 바로 정치, 제도, 정책, 법률, 행정 같은 삶의 시스템 안에서 시작된다.

신자는 그 자리를 외면하는 것이 아니라 그 자리를 통해 하나님 나라의 질서를 이 땅에 드러내야 한다.

신자는 '도피자'가 아니라 '책임자'다

우리는 때때로 이 세상이 너무 타락하고 어두워 보여 외면하고 싶어진다. 부패한 정치, 편파적인 언론, 이기적인 정당, 거짓이 난무하는 공론장

…. 하지만 성경은 그 어떤 곳에서도 "너희는 그런 세상에서 도망치라"고 말하지 않는다.

오히려 예수님은 이렇게 말씀하신다. "너희는 세상의 빛이라… 세상의 소금이라…"(마 5:13 - 14). 빛은 어둠 속에서 존재해야 하고, 소금은 부패를 막기 위해 썩는 곳에 있어야 한다.

정치가 더럽기 때문에 신자가 들어가야 한다. 거룩한 신자가 정치에 들어가면 정치가 정결해지는 것이지, 정치가 신자를 더럽히는 것이 아니다.

이것이 바로 '하늘의 시민권자'가 '땅의 정치에 책임지는 이유'다.

공동체적 존재로 부름받은 사람

창세기의 인간 창조 이야기에서 하나님은 아담을 만드시고 이렇게 말씀하신다. "사람이 혼자 사는 것이 좋지 아니하니…"(창 2:18).

인간은 철저히 공동체적 존재로 지어졌다. '신앙'이란 개인적인 것이면서도, 반드시 사회적이고 공공적인 책임을 수반한다.

예수님은 "네 이웃을 네 자신 같이 사랑하라"(마 22:39)고 하셨고, 구약은 가난한 자, 고아, 과부, 나그네를 돌보는 일을 하나님의 정의 실천이라고 강조했다.

이웃 사랑은 말로만 되는 것이 아니다. 이웃의 삶에 영향을 주는 제도와 정책, 행정과 복지의 문제에 적극적으로 책임지는 태도로 나타나야 한다.

정치 참여는 신앙의 확장이다

우리는 투표를 할 때 단순히 지지 후보를 고르는 것이 아니라, 내가 믿는 가치와 신앙이 이 땅에서 실현되기를 바라는 방향성을 선택하는 것이다.

신자가 지역 정책 제안, 예산 감시, 후보 검증, 시민단체 활동 등에 참여하는 일은 단지 정치 활동이 아니라 믿음의 확장이며, '하늘 시민권자'로서의 정체성을 이 땅에서 살아내는 구체적인 방법이다.

하나님 나라는 이 땅에 임한다

예수님은 제자들에게 이렇게 기도하라고 가르치셨다. "나라가 임하시오며 뜻이 하늘에서 이루어진 것 같이 땅에서도 이루어지이다."(마 6:10)

하나님 나라는 죽어서 가는 곳이 아니라, 먼 훗날 천상의 공간이 아니라, 지금 여기에 '임하는' 나라다. 그리고 그 임함은 구체적인 삶의 형태, 곧 정책, 교육, 도시계획, 도로교통, 주택복지, 환경관리, 청년 일자리 창출, 출산 및 양육 지원, 체육시설 확충, 도서관 운영, 문화재 관리, 공원 관리 같은 일들을 통해 실현된다.

신자는 이 영역들에서 예수님의 뜻을 따라 움직이는 사람이어야 한다.

교회 안에 머물지 말고, 세상 속으로 걸어가야 한다

오늘날 많은 교회는 "세상과 구별되라"는 말을 "세상에 나가지 말라"는 말로 오해하고 있다.

하지만 구별은 도피가 아니다. 그것은 삶의 방식, 판단의 기준, 존재의 목적이 다르다는 뜻이다. 세상 속으로 들어가 다른 방식으로 살아가는 것, 그것이 구별이다.

따라서 하늘 시민권을 가진 자는 세상으로 들어가 정직하게, 공정하게, 사랑으로, 진리로, 겸손하게 살아야 한다. 그것은 정치의 영역에서도 마찬가지다.

신자의 발걸음은 하늘과 땅을 잇는다

기독교 신앙은 이원론이 아니다. 하늘과 땅을 단절시키는 것이 아니라, 하늘의 통치가 땅에 임하게 하는 사명을 가진 신앙이다.

정치는 땅의 일이다. 하지만 그 땅 위에 하나님의 나라가 임하길 기도하는 사람이라면, 그 땅의 일에 관심을 가져야 한다.

하늘의 시민권자이기 때문에, 우리는 더더욱 이 땅을 책임져야 한다. 이 땅을 위하여 기도할 뿐 아니라, 이 땅을 위한 결단과 행동을 삶으로 살아내야 한다.

믿음으로 투표하는 것,

믿음으로 교육 정책을 고민하는 것,

믿음으로 지역 공공 사안에 목소리를 내는 것,

믿음으로 세상을 비판하고, 동시에 대안을 제안하는 것,

그 모든 것이 기독 시민으로서의 정치 참여이며,

믿음을 살아내는 또 다른 예배의 형태다.

9

미가서 6장 8절과 로마서 13장, 신앙인의 정치 원칙

"사람아 주께서 선한 것이 무엇임을 네게 보이셨나니 여호와께서 네게 구하시는 것은 오직 정의를 행하며 인자를 사랑하며 겸손하게 네 하나님과 함께 행하는 것이 아니냐"(미 6:8).

"각 사람은 위에 있는 권세들에게 복종하라 권세는 하나님으로부터 나지 않음이 없나니 모든 권세는 다 하나님께서 정하신 바라"(롬 13:1).

이 두 구절은 기독교 정치윤리의 양 날개와 같다.

전자는 신앙인이 정치적 삶을 살아갈 때 '내면에 세워야 할 가치의 원리'를 말하고, 후자는 세상 속 권위에 대한 '신자의 태도와 자세'를 보여준다. 우리는 이 두 말씀을 각각 따로 떼어내어 해석하기보다, 긴장 속에서 균형 있게 조화시킬 수 있어야 한다.

이 장에서는 이 두 말씀을 토대로 신자가 정치적으로 움직일 때 가져야 할 가치, 태도, 윤리, 실천 원칙을 살펴본다.

미가서 6장 8절: 하나님의 백성이 정치 속에서 따라야 할 원칙

첫째, 공의를 행하라. 정의는 하나님 나라의 기초다.

'공의'는 하나님의 성품이다. 성경에서 하나님의 정의는 단지 법적 공정성을 넘어서 관계적 정의를 포함한다. 강자가 약자를 착취하지 않는 것, 약자가 억울한 일을 당하지 않는 것, 사회적 약자가 보호받는 질서를 말한다.

정치는 바로 이런 정의를 제도와 법, 정책으로 구현하는 작업이다. 신자는 정치 안에서 무엇보다 '정의가 세워지는가'를 먼저 질문해야 한다. 이 법은 누구를 위한 것인가? 이 정책은 약자를 돌보는가? 이 예산은 공정하게 집행되는가? 이것이 바로 정의의 기준으로 정치에 접근하는 신자의 자세다.

둘째, 인자를 사랑하라. 긍휼은 정치의 감정이자 동기다.

'인자'는 히브리어로 자비, 긍휼, 인자함, 충성스러운 사랑을 뜻한다. 공의가 질서의 원칙이라면, 인자는 정치의 감정이다. 정의만 있고 긍휼이 없으면, 정치가 냉혹해진다.

신자는 정치 문제를 다룰 때, 단순한 효율성과 논리의 차원을 넘어서, 사람에 대한 공감과 사랑의 마음으로 접근해야 한다. 예산을 줄이더라도 복지 영역은 보호하려는 태도, 통계 수치보다 사람의 얼굴을 먼저 보는 정책 설계, 법을 고집하기보다 사람을 살리는 지혜, 이 모든 것이 정치 속 긍휼의 실천이며, 신자에게 요구되는 인자의 사랑이다.

셋째, 겸손히 하나님과 동행하라. 신자의 정치는 영적이다.

미가서 6장 8절의 마지막은 '겸손히 네 하나님과 함께 행하라'는 말이다. 정치는 쉽게 교만해지는 세계다. 권력과 지지율, 인기와 언론 노출, 결정권과 자율성은 인간의 마음을 높아지게 만든다.

하지만 신자는 어떤 정치적 선택도 기도 없이 하지 않아야 하고, 어떤 입법 활동도 겸손 없이 추진해서는 안 된다.

신자의 정치 참여는 '하나님과 동행하는 정치'여야 한다. 그것은 하나님 앞에 겸손히 엎드리는 마음, 그리고 그분의 뜻을 묻고 듣는 자세다.

로마서 13장: 권위에 대한 신자의 태도

로마서 13장은 종종 '정치 권력에 무조건 순종하라'는 뜻으로 오해된다.

그러나 이 말씀은 무조건적 순종이 아니라, 권위가 하나님께로부터 위임된 것임을 인정하며, 동시에 그 권위가 '하나님의 정의를 실현하는 도구'로 작동해야 한다는 조건부 순종의 의미를 가진다.

첫째, 모든 권세는 하나님께서 세우신 것이다. 정치 권력은 인간의 창작물이 아니다. 성경은 권세가 하나님께로부터 왔다고 분명히 말한다. 그 말은 곧 정치는 하나님의 질서를 유지하고, 사회의 안정을 도모하며, 공공선을 실현하기 위한 수단이라는 것이다.

따라서 신자는 정치 권력을 완전히 부정하거나 경멸해서는 안 된다. 기독교인은 세속 권력을 '더러운 것'으로 간주하지 않고, 그것이 하나님의 뜻을 이루는 하나의 기구로서 작동할 수 있다는 사실을 인정해야 한다.

둘째, 정치 권력은 '선을 위해 존재'해야 한다. 로마서 13장은 계속해서 말한다. "다스리는 자들은 선한 일에 대하여 두려움이 되지 않고 악한 일에 대하여 되나니 …"(롬 13:3).

정치 권위는 선을 위해 봉사할 때 정당하다. 그 권위가 하나님께로부터 왔기에, 그 권위는 하나님의 뜻과 성품에 부합해야 한다. 즉, 정의롭지 못한 권력, 폭력과 부패, 탐욕과 차별의 권위는 스스로 정당성을 상실한다. 신자는 무조건 복종이 아니라, 선에 대한 순종, 악에 대한 분별 있는 저항을 할 수 있어야 한다.

두 본문을 통합한 정치 원칙: 사랑과 정의, 질서와 분별

신앙인이 정치에 참여할 때, 몇 가지 중요한 실천 원칙을 이 두 본문에서

도출할 수 있다.

첫째, 정치의 목적은 '사람을 살리는 것'이어야 한다. 정의는 제도적으로, 긍휼은 정서적으로, 질서는 구조적으로 사람을 보호하는 방식이어야 한다. 신자는 법을 만들고 제도를 만들 때마다 '이것이 생명을 살리는가'를 먼저 질문해야 한다.

둘째, 비판은 정당하게, 저항은 겸손하게 해야 한다. 신자는 세속 권력에 비판할 수 있다. 그러나 그 비판은 공정하고 정직해야 하며, 겸손한 태도로 해야 한다. 폭력적 언어, 거친 감정, 이념적 과격성은 신자의 방식이 아니다. 진리를 말하되, 사랑으로 말하는 것이 신자의 정체성이다(엡 4:15).

셋째, 하나님의 뜻과 불일치할 땐 순종 대신 불복종해야 한다. 역사 속 신앙의 위인들은 하나님의 뜻과 세상 권력이 충돌할 때 신앙에 따라 불복종을 선택했다. 다니엘은 금지된 기도를 멈추지 않았고, 사드락, 메삭, 아벳느고는 금 신상에 절하지 않았으며, 베드로는 "사람보다 하나님께 순종해야 하겠다"고 말했다. 오늘날에도 신자는 세속 법이나 제도가 하나님의 공의와 거스른다면, 거기에 대해 경건한 불복종을 실천할 수 있어야 한다.

성경은 정치에 원칙을 제시한다

미가서 6장 8절은 신자의 내면적 자세를, 로마서 13장은 세상 속 태도와 질서를 말한다.

하나님 앞에서는 정의롭고, 긍휼하며, 겸손한 사람이 되어야 하고, 세상 앞에서는 질서를 인정하되, 불의에 분별로 대응하는 사람이 되어야 한다.

이 두 말씀은 정치 참여를 위한 충분한 길잡이가 된다.

신자는 경건과 실천의 균형, 복종과 저항의 분별, 사랑과 진리의 통합을 가진 정치인을 꿈꾸어야 한다.

그리고 그렇게 살아내야 한다.

10

작은 정책 하나가
생명을 바꾼다

"지극히 작은 것에 충성된 자는 큰 것에도 충성되고"(눅 16:10).

이 말씀은 단지 개인의 윤리나 인격에 관한 가르침이 아니다. 그것은 공동체 안에서의 결정 하나, 선택 하나, 말 한마디, 제도 하나가 가져오는 파급력을 설명하는 말씀이기도 하다.

우리는 '정치'라고 하면 대단히 거창하고 멀리 있는 것으로 느끼지만, 사실 작은 정책 하나가 생명을 살리고, 작은 예산 하나가 가정을 회복시키며, 작은 행정 하나가 이웃의 눈물을 닦아주는 일이 된다. 이 장에서는 그 사실을 확인하고, 신자의 정치 참여가 생명을 지키는 사명이 될 수 있음을 조명하려고 한다.

정책(policy)은 생명을 다룬다

정책은 정부나 지자체가 일정한 목표를 이루기 위해 결정하는 실행 방안이다. 그리고 그 정책이 다루는 대상은 언제나 '사람'이다.

어느 지역에 응급의료센터를 설치할 것인지, 어느 동네에 경로당을 더 만들 것인지, 저소득층에게 에너지 바우처를 얼마나 지급할 것인지, 심야 시간대 여성 귀가 안전을 위해 어떤 조치를 취할 것인지 등 이 모든 결정이 생명과 직결된다.

정책은 단순한 행정 문서가 아니다. 그것은 사람의 삶, 존엄, 안전, 건강, 교육, 기회, 희망과 직결된 '공공의 생명 구조'다.

실제 사례 ① 심야 귀가 안전을 위한 '여성 안심 귀가 서비스'

서울시를 비롯해 여러 지방자치단체에서는 몇 년 전부터 '여성 안심 귀가 서비스'를 운영하고 있다. 심야 시간에 여성이 혼자 귀가할 경우, 자원봉사자 또는 시 고용 안전요원이 집까지 동행해주는 정책이다.

이 정책이 시행된 이후 성범죄 발생률이 눈에 띄게 감소했고, 혼자 사는 여성들이 갖고 있던 '불안함의 스트레스'도 상당히 줄었다고 한다. 이 정책은 지방자치단체의 '소규모 예산(수억 원 수준)'으로 시행되지만, 그 효과는 '생명 보호 수준'에 준한다고 평가된다.

정치 참여 없이 이런 정책이 나올 수 있을까? 시민들의 제안과 관심, 지방의원의 문제 제기, 지역 단체들의 공청회 참여가 있었기에 가능했다.

신자가 그 자리에 있었는가? 그 자리에 있어야 한다.

실제 사례 ② 응급차 우선 출동 로드맵과 생존률 증가

경기도 성남시에서는 응급환자 이송을 위한 '119 골든타임 확보 도로개선 사업'을 시행한 적이 있다.

이 사업은 구조 요청이 들어온 골목길에 신호 체계나 도로 구조를 변경하거나 안내 체계를 재정비하여, 응급차가 3-5분 이내에 현장에 도착할 수 있게 한 정책이다.

이 정책 하나로, 해당 지역의 심정지 환자 생존률이 향상되었다. 비록 교통 체계 개선이라는 단순한 행정적 판단이었지만, 그것은 곧 생명 구호 정책이었다.

신자는 이와 같은 구조적 접근을 하나님 나라적 시선으로 해석할 수 있어야 한다.

"정책이 생명을 살릴 수 있다." 이것은 현실이고, 동시에 복음적 선포다.

실제 사례 ③ 에너지 바우처: 겨울철 한파 속의 생명선

한국에서 매년 겨울이면 저소득층 노인들의 동사 사고가 언론에 보도된다. 특히 독거노인, 장애인, 주거 취약 계층이 문제다.

정부는 이를 방지하기 위해 '에너지 바우처' 제도를 시행하고 있다. 전기, 도시가스, 연탄, 기름 등 난방비의 일정 부분을 지원하는 정책이다.

지방의회에서 이 예산을 줄일 것인지, 유지할 것인지를 두고 해마다 예산 심의와 공청회에서 논쟁이 벌어진다. 바로 이 순간, 시의원 한 명의 결정이 수천 명의 생명에 영향을 미친다.

그 자리에 신자가 있다면 어떤 선택을 할까?

기도만 하는 것에 그치지 않고, 한 사람의 생명을 위한 제도적 결정을 내릴 수 있는 신앙의 정치인이 되어야 한다.

기독교인은 '가난한 자의 옹호자'여야 한다

잠언 31장 8-9절은 이렇게 말한다. "너는 말 못하는 자와 모든 고독한 자의 송사를 위하여 입을 열지니라. 너는 입을 열어 공의로 재판하여 곤고한 자와 궁핍한 자를 신원할지니라."

이 말씀은 신자의 정치를 위한 윤리와 목적을 분명히 제시한다.

신자는 정책을 만들 때 단지 효율성과 수치, 예산 균형만을 따질 것이 아니라, 소외되고 약한 이들의 삶을 중심에 놓고 결정할 수 있어야 한다.

작은 정책이라도 진리를 담을 수 있다

정치 참여를 고민하는 신자들은 종종 이런 말을 한다. "내가 할 수 있는 건 너무 작아서 무의미해 보여요." "시장도 아니고 국회의원도 아닌데 무슨 영향이 있겠어요."

하지만 성경은 이렇게 말한다. "너희가 여기 내 형제 중에 지극히 작은 자 하나에게 한 것이 곧 내게 한 것이니라"(마 25:40).

작은 정책이라도 진리를 담을 수 있다. 작은 제안 하나라도 긍휼을 품을 수 있다. 작은 시정 질문 하나라도 정의를 드러낼 수 있다. 하나님은 작음을 통해 큰 일을 이루시는 분이시다.

정책은 거대 담론이 아니라, 작은 선택의 연속이고, 그 선택 안에 신앙의 가치가 담길 수 있다면, 그것은 곧 하나님 나라의 씨앗이 된다.

생명을 살리는 정치: 신자에게는 사명이자 특권

신앙인은 '정치적 기계'가 아니다. 우리는 '하나님 나라의 사자'이며, '이웃의 생명을 책임지는 자'다.

정치 참여는 단지 제도 개혁의 수단이 아니라, 생명을 보호하고 약자를 지키며, 하나님의 정의를 실현하는 도구가 될 수 있다.

지역 보육료 한 줄 삭감이 수많은 엄마들의 생계를 위협할 수 있다. 노인 돌봄센터 예산의 3% 인상이 수많은 홀몸 어르신의 삶을 지탱할 수 있다. 여성 장애인의 이동권 예산 확대가 고립된 생명을 세상 밖으로 이끌 수 있다. 발달장애 청소년을 위한 돌봄 서비스 지원이 그 부모들의 숨통이 트이게 하고 삶의 희망을 줄 수 있다.

정치란 이런 것이다. 그리고 신자는 그 중심에서 복음의 가치를 담은 실천자가 되어야 한다.

작지만 복음적인 정치, 그 시작은 나다

이 장을 마무리하며 우리는 다시 예수님의 말씀을 떠올린다.

"너희는 세상의 소금이라"(마 5:13). "너희는 세상의 빛이라"(마 5:14).

소금은 조금만 넣어도 맛을 바꾸고, 빛은 아주 작아도 어둠을 물리친다.

정치도 마찬가지다. 작은 정책 하나가 삶의 맛을 바꾸고, 작은 결정 하나가 생명의 등불이 될 수 있다.

믿음의 사람은 거대한 변화를 꿈꾸기 전에, 작은 정책 하나에 하나님의 마음을 담을 줄 아는 사람이어야 한다.

그곳에서부터 진짜 정치가 시작된다.

그리고 하나님 나라가 마을 속으로 스며든다.

제3부

왜 지금
나서야 하는가

(정치 무관심과 지역 현실의 긴급성)

11

진영 정치와 혐오의 시대,
중보만으론 부족하다

오늘날 한국 사회의 정치는 양극화와 혐오, 진영 싸움의 한복판에 있다.

의견이 다르면 적이 되고, 질문하면 공격을 받고, 비판하면 매도당한다. '같은 편 아니면 모두 적'이라는 단순한 구도가 정치뿐 아니라 언론과 SNS, 심지어 교회 공동체 안까지 스며들고 있다.

이러한 현실 속에서 많은 신자들은 "우리는 정치에 휘말리지 말고 기도만 하면 돼"라고 말한다.

중보기도는 분명히 강력한 무기다. 그러나 중보만으로는 부족하다.

기도한 사람이 움직여야 하고, 말씀을 들은 사람이 세상 속으로 나아가야 하며, 하나님의 정의와 긍휼을 말하는 사람이 현장에서 그것을 실천해야 한다.

이 장에서는 진영 정치와 혐오 담론의 문제점, 그리고 그 안에서 신앙인이 감당해야 할 화해자, 치유자, 참여자로서의 소명에 대해 함께 살펴보자.

진영 논리: 우리는 어느 편인가?

정치는 늘 갈등을 포함한다. 갈등은 본질적으로 나쁜 것이 아니다.

다양한 이해관계와 가치가 존재하는 민주주의 안에서는, 갈등은 건전한 조정과 조율의 기회를 만들어주는 필수 요소다.

하지만 한국 정치에서의 갈등은 합리적 조율이 아닌, 진영 간의 적대적 대결로 흐르기 일쑤다.

'이념'이 다르면 애국자와 매국노로 갈리고, '정당'이 다르면 사람 됨됨이까지 의심받으며, '정책'에 대한 이견이 있으면 곧장 '적폐'나 '좌파'라는 낙인이 따라온다.

이런 상황 속에서 신자는 어디에 서야 하는가?

"나는 누구 편도 아니다"라고 말하는 것으로 충분할까?

성경은 '화해자'를 말한다

신앙인은 단순한 중립적 위치에서 사태를 관망하는 존재가 아니라, 분열된 세상 속으로 들어가 하나님 나라의 질서를 세우는 사람이다.

사도 바울은 고린도후서 5장에서 이렇게 말한다. "그가 … 우리에게 화목하게 하는 직분을 주셨으니… 우리가 그리스도를 대신하여 사신이 되어 … 하나님과 화목하라"(고후 5:18-20).

화해는 중립이 아니다. 화해는 갈라진 사이를 메우는 행위고, 때로는 양쪽으로부터 비판을 감수하면서까지 평화를 추구하는 용기다.

신자는 진영 사이에서 회색 지대에 숨어 있는 사람이 아니라, 깊은 갈등의 골짜기에 들어가 진리와 사랑으로 다리를 놓는 사람이어야 한다.

혐오와 조롱의 말이 생명을 위협한다

오늘날 정치 담론의 특징 중 하나는 혐오의 언어가 매우 일상화되었다는 점이다.

빈곤층, 여성, 탈북자, 외국인 노동자, 청년, 노년, 특정 이념 진영 등 거의 모든 집단이 혐오의 대상이 될 수 있는 구조 속에 있다.

그리고 이 혐오의 언어는 더 이상 정치인의 입에서만 나오는 것이 아니라, SNS와 유튜브, 지역 커뮤니티와 심지어 교회 안에서까지 확산되고 있다.

"한 입에서 찬송과 저주가 나오는도다 내 형제들아 이것이 마땅하지 아니하니라"(약 3:10).

신자는 말의 사람이다. 말로 세상을 창조하신 하나님을 닮아, 우리는 말로 생명을 세워야 한다.

정치는 말의 힘으로 움직이는 세계이기에, 정치 참여의 윤리는 곧 언어 윤리이기도 하다.

중보기도의 힘과 한계

우리는 기도해야 한다.

나라를 위해, 정책을 위해, 지도자를 위해, 진실이 드러나고 정의가 세워지도록 기도해야 한다.

그러나 기도는 행동을 대신하지 않는다.

기도는 행동을 준비시키고, 행동을 인도하고, 행동의 중심이 되지만, 기도 자체가 행동의 전부는 아니다.

에스더는 금식 기도 후 왕 앞에 나아갔고, 느헤미야는 기도한 후 예루살렘으로 향했다. 예수님은 산에서 기도하신 뒤 십자가를 지러 예루살렘으로 내려가셨다.

마틴 루터 킹 주니어는 "기도만으로 충분한 것은 아니다. 기도한 자가 그 기도에 응답하는 도구가 될 준비가 되어 있어야 한다"는 사상을 피력하곤 했다. 사실상, 행동 없는 기도는 불충분하다.

참여 없는 기도는 세상을 바꿀 수 없다

교회는 세상에 대해 기도하면서도 세상 속으로는 나아가려 하지 않는 경우가 많다.

"세상은 어차피 망할 것이다." "이 땅은 일시적이고 하늘나라가 진짜다." "주님이 다시 오실 때까지 잘 버티면 된다." 이런 태도는 매우 경건해 보이지만, 사실은 현실 회피적인 종말론일 수 있다. 예수님은 다시 오실 분이지만, 오시기 전까지 우리 손과 발로 하나님의 나라를 준비하라고 하신다.

부정부패를 기도만으로 막을 수 있는가? 잘못된 정책을 예배 중에만 지적하면 되는가? 생명권과 교육권, 종교의 자유가 위협받을 때 교회 안에서만 기도하면 충분한가?

기도가 행동으로 이어지지 않으면, 그 기도는 공허한 메아리에 불과할 수 있다.

신자는 비판과 분별 사이에서 길을 찾아야 한다

우리는 진영에 휘둘리지 않되, 비판할 것은 비판하고, 분별할 것은 분별할 수 있어야 한다.

비판 없는 순응은 우상숭배이고, 분별 없는 공격은 혐오와 닮았다.

정치 참여를 위한 신자의 자세는 다음과 같다.

첫째, 사실에 근거해 말하라. 유튜브 자막보다, 실제 법안을 읽어라.

둘째, 비판하되 정중하라. 상대를 모욕하지 말고, 논리를 제시하라.

셋째, 정당보다 가치에 충실하라. 누가 '내 편'인지보다, 무엇이 '하나님 편'인지 고민하라.

넷째, 침묵하지 말되, 분노에 휩쓸리지 말라. 화가 나더라도 '화내는 자의 의'가 아닌 '하나님의 의'를 구하라.

교회는 평화의 사람을 세워야 한다

교회는 선거 때 정치인을 초청하거나, 특정 진영을 지지하는 자리에만 서서는 안 된다.

교회는 평화의 사람, 치유의 사람, 공공의 언어를 사용할 줄 아는 사람을 길러야 한다.

교회는 세상보다 더 '극단적'이어야 하는 것이 아니라, 세상보다 더 깊이 있는 진리와 더 부드러운 긍휼을 품어야 한다.

교회가 분열을 확대하는 곳이 아니라, 연결과 이해, 경청과 조율의 장이 되어야 한다.

우리는 싸우기 위해 존재하지 않는다

진영 싸움이 격해질수록, 사람들은 '우리 쪽'을 찾는다. 하지만 하나님은 "너희가 누구 편이냐"가 아니라, "너희가 내 뜻에 순종하고 있느냐"를 물으신다.

신앙인은 논쟁이 아니라 존재로 말하는 사람이다. 말을 절제하고, 사람을 존중하고, 구조를 이해하고, 복음을 살아내는 사람이다.

기도는 출발이다.

하지만 기도한 사람은 일어서야 한다.

갈라진 틈에 들어가야 한다. 그리고 진영 너머의 하나님 나라를 보여주어야 한다.

정치는 거대 담론처럼 보이지만,
사실은 아주 작은 선택에서 시작된다.
어떤 말에 고개를 끄덕이고,
어떤 사람에게 마음을 내어주고,
어떤 길 위에 서서, 누구의 편에 설지를 결정하는 순간들.
우리는 매일 이렇게 정치 속에서 살고 있다.

12

지역 정치의 부패와 권력형 범죄, 그리고 교회

"작은 권력이라고 작게 부패하지 않는다."

이 말은 기초자치단체의 정치 현실을 정확히 보여준다.

국회의원이나 장관의 부정부패는 뉴스가 되지만, 기초자치단체장의 권한 남용이나 시의원의 특혜성 조례는 대부분 지역에서만 조용히 사라진다.

그러나 그 영향은 결코 작지 않다. 정치의 규모는 작아도, 그 부패는 시민의 삶을 직접적으로 무너뜨릴 수 있다.

이 장에서는 지역 정치에서 자주 반복되는 권력형 범죄와 구조적 부패, 그리고 그 현실 속에서 교회와 신자는 어떠한 자세를 가져야 하는지를 살펴본다.

기도만으론 부족하다. 거룩한 분노와 책임 있는 행동이 필요하다.

부패는 구조다: 기초자치단체의 위험한 유혹

기초지자체장은 생각보다 큰 권한을 갖고 있다. 수천억 원에서 수조 원에 이르는 예산 편성, 각종 도시계획과 인허가, 인사권, 보조금 배분, 위탁 사업 등 지역 내 거의 모든 공적 자원의 배분과 결정을 좌우한다.

이 구조 속에서 자주 나타나는 부패 유형은 다음과 같다.

첫째, 인허가 비리. 아파트 개발 허가나 산업단지 지정 등을 미끼로 사적 이득을 취한다.

둘째, 보조금 유용. 시민단체나 문화재단에 예산을 배정한 뒤 특정 인맥에 몰아준다.

셋째, 인사 전횡. 공무원 승진이나 기관장 임명에 사적인 이해관계를 개입시킨다.

넷째, 셀프 개발. 본인 또는 가족 명의의 땅을 개발 지역으로 편입해 시세 차익을 얻는다.

다섯째, 정책 사유화. 정책 수립 과정에서 특정 업체와의 유착을 통해 공공의 자원을 사적으로 흡수한다.

이런 구조적 부패는 한 명의 욕심 때문이 아니라, 견제 없는 시스템, 침묵하는 시민, 관심 없는 교회 때문에 가능해진다.

사례: 우리 주변에서 일어난 일들

첫째, 시장 부인이 땅을 갖고 있던 곳이 개발지구로 지정되었다. 공직자 이해충돌 논란이 벌어지며, 수십억 원의 시세차익이 예상되는 셀프개발을 한 정황이 드러났지만, 교회는 이 사안을 두고 아무 말도 하지 않았다. 지역 신자들은 "괜히 얽히면 교회에 불이익 올 수도 있다"며 침묵했다.

둘째, 시의원이 조례 하나 통과시켜 자기 지인의 시설에 수억 원 보조금이 배정되었다. 실제 예산 배정이 시의원과 관련된 특정 단체에 집중된 것으로 드러났다. 그러나 그 시의원은 재선에 성공했고, 교회는 이 일에 대한 입장을 밝히지 않았다.

셋째, 보도자료는 정의를 말하지만, 실제 행정은 기득권의 이익을 따랐다. 대외적으로는 투명한 절차를 내세우지만, 실상은 민원 무시, 정보 비공개, 여론 무시로 일관했다.

이런 일들은 뉴스에 자주 나오지 않지만, 바로 우리가 사는 시, 군, 구에서 반복되고 있다.

그리고 교회는 여전히 '정치는 세상의 일'이라며 고개를 돌린다.

성경은 권력형 부패에 침묵하지 않았다

성경은 고대 사회에서의 정치 부패에 대해 분명히 말한다. 특히 구약 예언자들은 반복해서 지도자들의 타락을 하나님의 이름으로 고발했다. "정의를 쓴 쑥으로 바꾸며 공의를 땅에 던지는 자들아"(암 5:7), "그들의 우두머리들은 뇌물을 위하여 재판하며 그들의 제사장은 삯을 위하여 교훈하며"(미 3:11), "화 있을진저 피의 성이여 그 안에는 거짓이 가득하고 포악이 가득하며 탈취가 떠나지 아니하는도다"(나 3:1).

이 말씀들은 고대 도시만의 이야기가 아니다. 오늘 우리의 지방정부, 지역 사회, 행정조직, 정치 구조에도 동일하게 적용된다.

신자는 이러한 부패 앞에서 예언자적 시선과 용기 있는 발언을 가져야 한다.

침묵은 중립이 아니라 동조의 한 방식이 될 수 있다.

교회는 왜 침묵하는가?

지역 정치의 부패 앞에서 교회는 때때로 너무 조용하다. 그 이유는 여러 가지다.

첫째, 정치와 거리를 두려는 본능적 회피. '교회는 정치와 거리를 두어야 한다'는 오래된 통념이 있다. 그러나 그 거리가 불의에 대한 외면으로 변질

될 수 있다.

둘째, 기득권과의 미묘한 관계. 지역 예산이나 인허가, 건축 허가, 행사 후원 등에서 교회도 정치적 이해관계에 얽히는 경우가 있다. 그러다 보니 부정과 비리 앞에서 말을 아끼는 구조가 형성된다.

셋째, 성도 간의 정치적 갈등을 우려한 침묵. 교인들 사이의 정치 성향이 갈리기 때문에 교회 전체가 '비정치적 입장'을 택하는 경우도 있다.

그러나 이런 이유로 인한 침묵은 불의에 대한 묵인이자, 공공 책임의 방기다.

교회는 감시자이자 치유자여야 한다

신자가 지역 정치의 부패에 대해 할 수 있는 일은 많다. 다음과 같은 것들이 가능하다.

– 지역 감사 자료 열람, 공청회 참여, 예산안 분석, 시정질문 요청

– 시민감시단이나 지역 단체와 연대해 공정성과 투명성의 감시자 역할을 수행

– 교회 안에서 정치 윤리에 대한 성경 공부, 소그룹 토론, 정책 포럼 개최

– 선거철마다 신앙적 관점에서 공약 검토 자료를 시민과 공유하고 토론회 개최

– 부패 의혹 제기자나 내부 고발자 보호에 교회가 공동체적으로 연대

예언자처럼 비판하고, 제사장처럼 중보하고, 목자처럼 이웃을 보호하는 공동체, 이것이 교회의 정치적 책임이다.

부패를 예방하는 첫걸음은 관심이다

"감시받지 않는 권력은 타락한다." 이 말은 고대의 진리이자 오늘의 현실이다.

기초지자체의 부패를 막는 가장 확실한 방법은 시민의 관심과 참여, 그리고 그 가운데 선 신자의 정직한 감시자 역할이다.

예산이 어디에 쓰이는지, 인사가 공정하게 이뤄지는지, 조례가 특정인에게 유리하게 만들어지지 않았는지, 보조금이 특정 단체에 몰리지 않는지 등이 모든 것은 관심 있는 신자만이 볼 수 있는 장면이다.

거룩한 정치 참여는 불의에 반응하는 것이다

정치는 하나님의 도구가 될 수 있지만, 방치되면 불의의 구조가 된다.

신자는 그 구조를 분별할 수 있어야 하고, 불의한 흐름이 반복되지 않도록 감시하고 행동할 수 있어야 한다.

기도만으로는 부족하다.

불의에 대한 분노, 정의에 대한 감각, 생명에 대한 책임, 공공성에 대한 신념이 신자의 정치 참여를 가능하게 한다.

부패한 정치 앞에서 침묵하는 교회는 빛이 아니다. 빛은 어둠을 드러내고, 소금은 부패를 막는다.

그리고 신자는 교회 안에서뿐 아니라, 시청과 의회 앞에서도 그런 빛과 소금이 되어야 한다.

"나는 작다. 평범하다. 힘도 없다."
하지만 그렇기에 당신이 중요하다.
하느님은 평범한 신자의 발걸음을 통해
세상을 움직이신다.

13

청년, 약자,
기독교인은 어디로 갔는가?

정치는 삶을 설계하는 일이다. 무엇을 중요하게 여길지, 누구를 먼저 돌볼지, 어디에 자원을 배분할지 결정하는 일이 바로 정치다.

그런데 정치란 '보이는 사람'을 중심으로 작동한다. 정치적으로 보이지 않는 존재는 정책에서 밀려나고, 예산에서 배제되며, 구조 안에서 소외된다.

오늘날 기초지방정치의 현장을 살펴보면 청년이 보이지 않는다. 약자가 보이지 않는다. 그리고 기독교인이 보이지 않는다.

이 말은 단지 특정인의 부재가 아니라, 그들이 정치적 의사결정에 참여하지 않고, 정책의 당사자로 발언하지 않으며, 공공의 장에서 자취를 감추었다는 의미다.

이 장에서는 이 세 부류, 즉 청년, 약자, 그리고 기독교인이 왜 공적인 자리에서 사라졌는지, 그리고 왜 그 부재가 지역 정치와 하나님의 나라에 있어 심각한 문제인지 조명하려고 한다.

청년은 왜 정치의 뒷자리에만 있는가?

많은 도시가 청년 인구 유출을 막기 위해 다양한 정책을 펼치지만, 정작 청년들은 정책의 수혜자로만 간주되고, 정치적 주체로 인정받지 못한다. 기초지자체의 시의회에 청년 의원은 극히 드물고, 주민자치회나 정책위원회에도 청년 참여는 형식적이다.

그러나 아이러니하게도, 청년들은 도시의 미래이자 현재의 근간이다. 그들의 주거, 일자리, 교육, 문화, 이동권, 정신건강 문제는 도시의 지속가능성과 직결된 과제다.

그럼에도 청년이 정치적 자리에서 보이지 않는 이유는 무엇일까?

정치가 너무 멀게 느껴지고, 참여가 복잡하고, 참여해도 실질적인 영향력을 갖지 못한다고 느끼기 때문이다.

그리고 이것은 단지 사회 시스템의 문제만이 아니라, 교회가 청년을 정치적으로 무기력하게 만들었기 때문이기도 하다.

교회는 청년들에게 기도와 예배, 봉사를 강조하면서도 공공 현장에 서는 일, 목소리를 내는 일, 사회적 책임을 감당하는 일에는 침묵해 왔다. 결국 청년들은 교회 안에서 '종교적 열심'은 배우지만, 하나님의 나라를 세상 속에서 구현하는 '공적 시민'의 훈련은 받지 못한 채 자라난다.

약자는 왜 여전히 보이지 않는가?

사회적 약자, 예를 들어 노인, 장애인, 저소득층, 이주민, 취약 노동자 등은 언제나 정치적으로 소외되어 왔다.

정책의 대상이 되긴 하지만, 그들의 삶을 결정하는 자리에 직접 참여하지는 못한다.

그들은 회의에 초대되지 않고, 설문조사의 응답률에도 반영되지 않으며, 의사결정 구조 안에서 '눈에 띄지 않는 존재'로 남는다.

하지만 그들의 삶은 가장 많은 행정과 제도의 영향을 받는다. 교통약자의 이동권, 주거 취약층의 임대주택 공급, 고독사 예방과 지역 돌봄, 기초생활보장제도의 설계 등 이 모든 것이 생존과 직결된 문제다.

그리고 이들의 정치적 부재는 단순한 행정의 결함이 아니라, 지역 공동체가 가장 약한 고리부터 붕괴되고 있다는 경고음이기도 하다.

신자는 그 경고를 먼저 들어야 한다.

그리고 약자가 보이지 않는 정치 공간에서 그들의 존재를 드러내고, 목소리를 대변하고, 권리를 확장시키는 대리자 역할을 감당해야 한다.

그것이 성경이 말하는 '이웃 사랑'이고, 신자의 공적 책임이다.

그리고 기독교인은 어디로 갔는가?

놀랍게도, 정치의 자리에서 가장 보이지 않는 존재 중 하나가 바로 기독교인이다.

여기서 말하는 것은 '기독 정치인'만이 아니라, 공공의 장에서 하나님의 관점으로 말하고 행동하는 신자들을 말한다.

한국은 여전히 수많은 기독교인이 있는 나라지만, 그 수많은 신자 중에 지역 정책을 연구하고, 시의회에 발언하고, 예산 편성을 감시하고, 조례안에 의견을 제출하고, 선거에서 공약을 검토하고 지지 입장을 밝히는 사람은 극소수에 불과하다.

기독교인은 정치에 대해 기도는 하지만 참여하지 않고, 말씀은 외치지만 공적 가치에는 침묵하며, 정의와 공의를 믿지만 제도와 구조에 목소리를 내지 않는다.

그 결과, 기독교인은 사회의 빛과 소금이 되지 못하고 종교의 울타리 안에 갇힌 '비참여적 공동체'로 인식되고 있다.

'보이지 않는 것'은 '존재하지 않는 것'과 같다

정치는 보이는 사람을 중심으로 작동한다.

회의에 오지 않은 사람, 의견을 내지 않은 사람, 자료를 읽지 않은 사람은 존재하지 않는 사람과 같다. 존재하지 않는 사람은 결코 보호받을 수 없고, 그들의 의견은 반영되지 않는다.

청년, 약자, 신자, 이 세 부류가 정치 공간에서 '존재하지 않는 자'로 남아 있다면, 그 사회는 하나님의 정의와 평화가 구현될 수 없는 구조로 굳어진다.

그러므로 기독교인은 먼저 자신의 부재를 인정하고, 그 자리를 복음과 책임으로 채워야 한다.

하나님의 뜻은 교회 안에서만 실현되는 것이 아니라, 시장과 시의회, 주민자치회와 토론회, 예산심의 과정 안에서도 실현되어야 한다.

기독 청년의 침묵, 교회의 책임

오늘날 기독 청년들이 정치나 사회 문제에 관심이 없는 것은 아니다.

오히려 그들은 환경, 노동, 젠더, 평등, 복지 같은 공적 이슈에 민감하다.

그러나 그 관심이 기독교적 언어와 연결되지 못하고, 교회의 신앙 교육과도 접속되지 못하는 단절이 존재한다.

청년들은 신앙은 교회에서만, 정의와 공공성은 세속의 언어로만 다뤄야 한다고 생각하게 된 것이다.

이 단절을 회복하는 것이 바로 교회의 몫이다.

예수님의 복음이 개인의 구원뿐 아니라 공동체의 정의, 제도의 회복, 도시의 샬롬까지 포함하고 있다는 사실을 가르쳐야 한다.

그리고 그 신앙이 투표와 정책 제안, 예산 감시, 캠페인 활동까지 확장되어야 함을 실천적으로 보여주어야 한다.

빈자리를 채우는 믿음

청년, 약자, 신자. 이들은 단지 '정치적으로 소외된 자들'이 아니라, 정치가 가장 필요로 하는 존재다.

왜냐하면 이들은 가장 오랫동안 이 사회를 살아갈 사람들이고, 가장 구조적인 고통을 겪는 이들이며, 가장 깊은 복음을 품고 있는 사람들이기 때문이다.

정치는 가장 낮은 자로부터 시작되어야 한다.

신자는 그 시작을 위한 기억의 사람, 대표의 사람, 제안의 사람이 되어야 한다.

하나님은 한 사람의 기도보다, 한 사람의 믿음 있는 행동을 통해 도시 전체를 새롭게 하신다.

우리의 자리는 '빠진 곳'이 아니라, 채워야 할 자리다.

하나님은 지금도 성벽의 무너진 틈을
기도와 참여, 진실과 행동으로 막아설 한 사람을 찾고 계신다.
그 사람이 '정치인'이기 전에 '신자'이기를 바라신다.
그 사람이 '유능한 사람'이기 전에
'하나님의 마음을 아는 사람'이기를 바라신다.
그리고 그 사람이, 당신이기를 원하신다.

14

악이 자리 잡기 전,
선이 움직여야 한다

"불의에 침묵하는 것도 악이다."

이 말은 독일의 신학자 디트리히 본회퍼가 나치 정권에 침묵하는 독일 교회를 비판하며 남긴 말이다.

그는 하나님을 믿는 사람들이 말하지 않았기 때문에, 움직이지 않았기 때문에, 결국 악이 자리를 잡았다고 말했다.

정치에 대한 신자의 태도도 이와 같다.

우리가 악한 법과 제도가 통과된 후에야 분노하고, 부패가 만연해진 뒤에야 기도하고, 불의가 구조가 된 다음에서야 반대 운동을 시작한다면, 우리는 이미 늦은 것이다.

이 장에서는 왜 신자는 먼저 움직여야 하는가, 선은 왜 미리 나서야 하는가를 신학적, 윤리적, 현실적 이유를 통해 함께 살펴본다.

선은 속도가 느리다, 그래서 더 빨리 시작해야 한다

악은 조직적이고 빠르다. 탐욕은 즉각적인 이익을 쫓고, 거짓은 쉽게 퍼진다. 무관심은 침묵의 공범이 되고, 권력은 권력끼리 연대한다.

그에 비해 선은 늘 느리다. 양심은 오래 고민하고, 진실은 시간이 걸리고, 정의는 절차를 거쳐야 하며, 사랑은 이해하고 품는 데 시간이 필요하다.

그렇기 때문에 선은 악보다 먼저 움직여야 한다. 지체하면 악이 먼저 자리를 잡는다.

악이 뿌리내린 다음에는, 그 뿌리를 뽑는 데 더 많은 희생과 시간이 필요하다.

예수님은 말씀하셨다. "씨를 뿌리는 자가 뿌리러 나가서"(마 13:3). 씨앗은 보이지 않고 느리게 자란다.

하지만 먼저 뿌려야, 열매가 있다.

정의, 진실, 긍휼, 섬김의 정치도 마찬가지다.

먼저 뿌려야 한다.

악은 자리를 잡으면 '정상'이 된다

정치에서 악이 무서운 것은, 그것이 처음에는 문제처럼 보이지만, 한 번 구조로 자리를 잡고 나면 '당연한 것'처럼 보이게 된다는 점이다.

부패한 계약 방식도, 편향된 예산 배정도, 특정 계층에 유리한 입법 구조도, 정보 비공개의 문화도 모두 '원래 그런 것'이 되어버리면, 그 누구도 문제 삼지 않게 된다.

그 순간부터 시민들은 무감각해지고, 신자들도 침묵하게 된다.

예레미야 선지자는 이렇게 외쳤다. "그들이 내 백성의 상처를 가볍게 여기면서 말하기를 평강하다 평강하다 하나 평강이 없도다"(렘 6:14). 불의가 일상화되면, 평강이 없는 데도 괜찮다고 여긴다.

그러므로 신자는 이 평강 없는 평강을 깨뜨리는 사람이어야 한다.

그렇기에 '지금' 나서야 한다.

신자의 정의는 사후 처벌이 아니라 사전 예방이다

하나님의 정의는 회복과 예방의 성격을 가진다.

이스라엘의 율법에는 가난한 자를 위한 이삭 줍기 같은 일터 보호, 과부와 고아에 대한 사회적 배려, 정직한 저울과 추의 사용 같은 구조적 정의 구현이 반복해서 강조된다. 이것은 사후적인 처벌이 아닌, 선제적인 공의의 설계였다.

신자의 정치 참여도 마찬가지다. 우리는 문제가 발생한 뒤에 분노하는 사람이 아니라, 문제가 생기지 않도록 미리 구조를 설계하고 책임을 감시하는 사람이어야 한다.

잘못된 조례가 통과되기 전에 움직이고, 부적절한 예산이 편성되기 전에 검토하고, 부패한 행정이 반복되기 전에 제도적으로 막아야 한다.

기도보다 먼저 움직이고, 말보다 앞서 행동하는 믿음이 필요하다.

악의 뿌리를 뽑는 것보다, 악이 뿌리내리기 전에 막는 것이 낫다

신앙인은 종종 "언젠가 하나님이 모든 악을 심판하신다"고 말한다. 그말은 진실이다.

그러나 하나님은 동시에 우리에게 이렇게 명령하셨다. "너는 마땅히 공의만을 따르라 그리하면 네가 살겠고 네 하나님 여호와께서 네게 주시는 땅을 차지하리라"(신 16:20). "의인은 불의를 보고 잠잠하지 않는다"(잠 24:11-12 요약).

하나님의 최종 심판을 기다리는 것과, 오늘의 악을 방치하는 것은 전혀 다른 문제다. 신자는 하나님의 심판을 믿기 때문에 지금 이 땅의 불의를 그

냥 넘길 수 없다.

그 불의가 자리를 잡기 전에, 그 자리를 선으로, 사랑으로, 기도로, 정책으로 채워야 한다.

신자의 빠른 움직임이 구조를 바꾼다

정치는 구조다. 한 사람이 바뀌어도 구조가 그대로라면 바뀌는 것은 어렵다.

그러나 한 사람이 구조의 한가운데에서 빠르게 움직이면, 전체의 흐름이 달라질 수 있다. 예를 들어, 한 명의 신자가 시의회 방청을 시작하면서 시민들의 관심이 높아진다. 한 명의 청년이 기초의회에 출마하면서 또 다른 청년들이 희망을 갖는다. 한 명의 평신도가 공청회에서 목소리를 낼 때, 시의원은 정책 방향을 바꾼다.

이 작은 움직임들이 모이면, 부패와 무관심의 구조 속에 새로운 흐름이 시작된다.

그 흐름이 바로 하나님 나라의 시작이다.

하나님은 먼저 움직인 자를 통해 일하신다

성경은 하나님의 나라가 기다리는 자가 아니라, 먼저 반응한 자들을 통해 확장되어 갔다고 말한다.

에스더는 민족의 위기 앞에서 먼저 왕 앞에 나아갔다. 느헤미야는 무너진 성벽을 보고 먼저 눈물을 흘렸고, 요셉은 재난이 닥치기 전에 곡식을 모았고, 다윗은 골리앗 앞에서 먼저 뛰어나갔다.

예수님 자신도 죄가 뿌리내리기 전에 먼저 사람을 만나 주셨고, 먼저 진리를 선포하셨고, 먼저 십자가를 지셨다.

신자는 이 예수님의 '선제적 사랑'과 '선제적 정의'를 따라야 한다.

선은 먼저 움직일 때만 이긴다

정치의 세계는 움직이는 사람들에 의해 좌우된다.

기도하는 자가 아니라, 움직이는 자가 법을 만들고, 움직이는 자가 예산을 편성하고, 움직이는 자가 방향을 설정한다.

신자는 이제 기도만 하고 있으면 안 된다.

기도는 시작일 뿐, 그 기도를 품고 먼저 움직여야 한다.

악이 자리 잡기 전에, 불의가 굳어지기 전에, 거짓이 문화가 되기 전에, 탐욕이 정책이 되기 전에, 먼저 나서서 선을 심고, 먼저 외쳐서 정의를 말하고, 먼저 걸어서 하나님의 길을 내야 한다.

하나님은 "누가 먼저 나설 것인가"를 묻고 계신다.

그리고 먼저 나선 사람을 통해, 악이 아니라 선이 자리를 잡는 세상을 만들어 가신다.

지금 이 자리에서,
당신이 서 있는 그 동네에서,
하나님 나라는 다시 시작될 수 있다.
정치는 믿음을 실천하는 또 하나의 방식이다.

15

기도하는 교회가
정치에는 침묵하는 이유

한국 교회는 기도의 공동체다. 새벽마다 등불을 밝히고, 나라를 위한 중보기도 제목이 주보마다 실린다. 나라와 민족, 통일과 선교, 지도자들을 위한 기도는 교회의 전통이며 자랑이다.

그런데 아이러니하게도, 정치가 실제로 하나님의 정의와 질서를 거스르는 순간, 교회는 조용하다.

사회 구조가 부정의로 물들고, 기초자치단체의 정책이 생명을 위협하며, 지도자들이 뻔뻔하게 탐욕을 드러낼 때, 기도하던 교회는 말하지 않는다.

이 침묵은 어디에서 비롯된 것일까? 신학적 불안, 역사적 상처, 문화적 회피, 정서적 두려움이 복합적으로 얽혀 있는 현실을 차분히 풀어보자.

신학적 오해: 정치는 세속이고, 교회는 거룩한가?

가장 흔한 침묵의 이유는 신학적 이원론이다. 세상은 '타락한 곳'이고, 교회는 '거룩한 피난처'라는 이분법이 한국 교회의 깊은 밑바닥을 지배하고 있다. 이런 생각은 "정치는 더럽다", "세상은 망할 것이다", "교회는 구원에 집중해야 한다"는 말로 표출된다.

그러나 성경은 정치와 세상을 하나님의 통치 영역 밖에 있는 것으로 보지 않는다.

바벨론에 포로로 끌려간 유다 백성에게, 하나님은 그 땅의 복을 위해 기도하라고 명령하셨다(렘 29:7).

예수님은 단지 영혼만이 아니라, 마을과 도시 전체에 하나님의 나라가 임하도록 선포하셨다.

초대교회는 단지 모여서 예배만 드린 것이 아니라, 로마 제국 안에서 다른 삶의 방식을 실천했다.

정치는 하나님의 나라를 세상 속에서 실현할 수 있는 복음의 사회적 도구가 될 수 있다. 그것을 외면하는 것은 복음을 축소하는 것이다.

역사적 상처: 정치가 교회를 이용해 왔다

한국 현대사 속에서 교회는 정치적 이용을 당한 경험이 있다. 독재 정권 시절 일부 교회는 국가 권력에 밀착해 침묵하거나 협력했고, 민주화 이후에는 진보 정치 세력과의 결탁이라는 반대쪽의 사례도 있었다.

이런 경험은 교회 내부에 '정치에 너무 가까이 가면 타락한다'는 인식을 심어주었다. 정치는 교회를 흔드는 유혹이고, 목사는 정치적 발언을 하면 곧장 분열의 원인이 된다는 판단이 오랜 시간 누적되었다.

그러나 이용당한 경험이 있다고 해서, 정당한 정치 참여마저 회피하는 것은 또 다른 책임 회피다. 정치로부터 교회를 지키기 위해 정치에 침묵한다는 말은 공공성 없는 교회, 무책임한 신앙을 정당화하는 구실이 되기 쉽다.

문화적 회피: '중립'을 미덕으로 착각한다

한국 교회는 '분열'을 극도로 두려워한다. 신자 간의 정치 성향이 다르고, 교회 안에서 논쟁이 생길 수 있다는 이유로 정치 이야기를 아예 금기시하는 문화가 자리잡았다.

"교회는 중립을 지켜야 한다." 이 말은 외견상 중립처럼 보이지만, 실은 모든 문제에서 침묵하는 편에 서겠다는 선언이기도 하다. '중립'은 때로 옳고 그름 사이에서 판단을 유예하고, 정의와 불의 사이에서 균형이라는 이름으로 외면하는 방식으로 작동한다.

성경은 어느 편도 들지 않지만, 정의와 진리의 편에는 분명히 선다.

침묵이 곧 '거룩한 균형'이 아니라, 때로는 불의에 대한 동조일 수 있다.

정서적 불안: 말하면 손해 본다

교회가 정치적 발언을 하거나 공공 현안에 입장을 표명하면 신자 이탈, 헌금 감소, 언론의 오해, 지역 사회의 비난을 감수해야 할 때가 많다. '차라리 조용히 가자'는 현실적 판단이 '비신앙적'이라기보다 '현명한 선택'처럼 여겨지기도 한다.

그러나 예언자는 언제나 손해를 감수하고 말한 사람이었다. 예레미야는 투옥당했고, 요한은 헤롯을 비판하다가 목숨을 잃었으며, 예수님은 종교 권력과 정치 권력을 동시에 비판하시다 십자가에 달리셨다.

진실을 말하는 교회는 손해를 본다.

그러나 침묵하는 교회는 존재의 목적을 잃는다.

교회는 사회적 평판이 아닌, 복음의 진실성으로 존재를 증명해야 한다.

교회 안의 정치 혐오: 선한 정치의 상상이 없다

신자들 사이에서 정치에 대한 혐오와 냉소가 깊다. "정치는 다 똑같아."

"그 사람이 그 사람이지." "투표해도 바뀌는 거 없어." 이런 인식이 깊어질수록 교회는 기도는 하지만 변화에 대해선 포기한다.

하지만 우리는 이렇게 질문해야 한다. "기도하는데도 왜 바뀌지 않는가?" 그 이유는 기도하는 사람이 그 기도의 응답이 되지 않기 때문이다.

우리는 "하나님, 이 도시를 변화시켜 주세요"라고 기도하면서, 그 도시에 영향을 줄 수 있는 예산안, 조례안, 후보자 정보는 들여다보지 않는다.

선한 정치는 가능하다.

만일 신자가 그 자리에 선다면, 거룩한 정치도 실현 가능하다.

침묵의 결과: 세상은 다른 이들이 채운다

신자가, 교회가, 기도하는 사람들이 침묵할 때 그 자리는 신앙과는 무관한 가치, 복음과는 반대되는 논리로 채워진다.

인간 중심의 이념, 절대화된 정당, 공공선을 무시한 정서적 여론, 혐오와 선동을 정치 수단으로 삼는 집단, 이런 흐름은 교회가 침묵할수록 더 강해진다.

정치는 공백을 싫어한다. 우리가 비운 자리는 누군가가 반드시 채운다.

따라서 침묵은 안전이 아니라, 더 큰 위험을 초래하는 방임일 수 있다.

성경은 어떤 침묵을 꾸짖는가?

"그러므로 사람이 선을 행할 줄 알고도 행하지 아니하면 죄니라"(약 4:17).

기도는 선한 행위다. 그러나 선은 침묵해서 이루어지는 것이 아니라, 말하고, 행동할 때 이루어진다.

성경은 이렇게 말한다. "너는 입을 열어 공의로 재판하여 곤고한 자와 궁핍한 자를 신원할지니라"(잠 31:9). "너는 말 못하는 자와 모든 고독한 자의 송사를 위하여 입을 열지니라"(잠 31:8).

하나님은 우리에게 입을 열라고 하신다.

기도만 하는 입이 아니라, 정의를 말하는 입, 공공의 선을 말하는 입, 정책과 제도와 지역 사회의 아픔을 말하는 입이 되라고 하신다.

기도하는 교회는 말해야 한다

하나님은 기도를 듣고 일하시는 분이시다.

하지만 동시에, 하나님의 뜻을 이 땅에 드러내는 통로로 우리를 부르신 분이시다.

기도만 하는 교회는 기도의 의미를 축소시킨다.

기도하는 교회는 공공의 자리에서도 말할 수 있어야 한다.

진리 안에서 사랑을 말하고, 정의를 말하되 겸손하게 그리고 공공의 책임을 감당하되 복음으로 시작할 수 있어야 한다.

침묵하는 교회는 점점 작아지고, 말하는 교회는 세상과 함께 아파하며 성장한다.

이제는 침묵을 벗을 때다.

기도하는 교회, 말하는 교회, 행동하는 교회가 바로 이 시대의 복음을 증언한다.

제4부

믿음으로 참여하는
다양한 길

(출마에서 간접 활동까지, 모든 참여는 정치다)

16

시장 출마,
소명의 시작

시장 출마는 단지 정치적 선택이 아니다.

믿음을 가진 이가 시장에 출마하는 것은 자신의 삶 전체로 하나님의 뜻을 이 땅에 실현하려는 공적 결단이다. 그것은 한 도시의 행정을 운영하는 일 이전에, 하나님의 나라를 공동체 안에 드러내는 '소명'의 출발이다.

예수님은 말씀하셨다. "너희는 세상의 소금이요 빛이라"(마 5:13-14).

정치는 세상을 실질적으로 조율하는 통로이며, 시장은 그 한 도시의 삶의 구조를 설계하고 운용하는 책임자다.

믿음의 사람이 시장으로 선다는 것은 그 도시 전체를 향한 복음적 책임을 감당하겠다는 서약과 같다.

시장은 단순한 행정가가 아니다

많은 사람이 시장을 단지 '시청에서 일하는 공무원 중 한 명' 정도로만 생각한다.

하지만 실제로 시장은 도시의 비전과 철학을 설계하고, 예산을 편성하며, 정책의 방향을 설정하고, 인사권을 행사하는 최고 행정 책임자다.

시장 한 사람의 판단이 지역의 보육 환경을 결정하고, 도시개발 방향을 설정하며, 청년 정책과 일자리 예산의 우선순위를 바꾸고, 복지와 환경에 대한 책임 방식을 재편할 수 있다.

즉, 단 한 명의 시장이 그 도시 수만 명, 수십만 명의 삶의 방향까지도 바꿀 수 있다.

그렇기에 시장은 '행정가'이기 이전에, 도시의 목회자요, 설계자이며, 철학자이자, 사람을 섬기는 리더가 되어야 한다.

출마는 하나님의 부르심에 대한 응답이어야 한다

신앙인은 "왜 내가 나서야 하지?"라는 질문에 "내가 아니면 이 일을 복음적으로 감당할 자가 없다면, 내가 나서야 한다"는 대답을 자신있게 할 수 있어야 한다.

하나님은 사람을 세우신다.

성경은 곳곳에서 하나님의 마음을 품고 민족과 공동체를 섬긴 사람들의 이야기를 전한다.

요셉은 정치적 관리자로 애굽을 살렸고, 다윗은 목동에서 왕이 되어 공의의 나라를 세웠고, 느헤미야는 포로지에서 돌아와 성벽을 재건했고, 에스더는 왕후로서 백성의 생명을 보호했다. 이들은 신학자가 아니었지만, 깊은 신앙으로 민족을 살렸다.

시장 출마도 그런 맥락에서 하나님의 부르심에 대한 응답이자, 공동체 전체를 섬기는 소명의 출발이 될 수 있다.

출마의 동기가 중요하다: '권력'이 아닌 '섬김'

시장 출마를 결정하는 데 있어 가장 중요한 것은 '동기'다.

기독교인은 '내가 시장이 되면 뭘 할 수 있을까'보다, '이 도시를 위해 하나님이 나에게 무엇을 원하실까'를 먼저 물어야 한다. 권력과 영향력에 이끌려 나서는 것인가? 상처나 분노의 감정으로 복수하듯 나서는 것인가? 또는 자신의 경험과 비전으로 지역을 섬기기 위해 나서는 것인가?

예수님은 제자들에게 권위가 아니라 섬김을 말씀하셨다. "너희 중에는 그렇지 않아야 하나니 너희 중에 누구든지 크고자 하는 자는 너희를 섬기는 자가 되고"(마 20:26).

기독 시장 후보자는 먼저 이 말씀 앞에서 자신의 심령과 동기를 진지하게 살펴야 한다.

기독 시장이 갖춰야 할 자질

기독 정치인이라고 해서 믿음만 있으면 되는 것은 아니다.

믿음은 그 자체로 귀하지만, 공적 직무를 수행하려면 반드시 갖춰야 할 능력과 자질이 있다.

- 전문성: 행정, 예산, 정책, 법률, 도시계획, 지역 사회 구조에 대한 이해
- 청렴함: 돈과 권력 앞에서도 흔들리지 않는 내적 정직성
- 공감력: 다양한 계층의 삶과 아픔을 이해하고 설계로 풀어낼 수 있는 감수성
- 리더십: 팀을 만들고, 사람을 세우며, 조직을 이끄는 힘
- 지속성: 감정, 여론에 휘둘리지 않고 선한 방향을 끝까지 밀고 갈 수 있는 내공

이 모든 것을 기도와 말씀 안에서 겸손하게 준비하고 다듬어야 한다.

왜 기독 시장이 필요한가?

오늘의 지방정부는 점점 더 정치적 갈등과 이해관계 충돌의 현장이 되고 있다.

기득권과 개발 논리, 특정 집단의 이익을 위한 정책 유도, 이념 중심의 행정 등은 도시의 공공성과 정의를 위협한다.

그런 상황에서 하나님의 마음을 품은 시장이 있다는 것 자체가 도시에 축복이 될 수 있다.

약자에 대한 배려가 정책에 반영되고, 청렴이 행정 문화로 자리 잡으며, 주민 참여가 진심으로 존중되고, 행정의 투명성이 높아진다면 그 도시는 전체적으로 회복되고 살아날 것이다.

그리고 이러한 리더십은 '기도만 하는 시장'이 아니라 '기도하는 마음으로 움직이는 시장'에게서 비롯된다.

교회와 공동체의 역할: 개인의 출마를 함께 분별해야 한다

기독 정치 출마는 개인의 결단만으로 이루어져서는 안 된다.

교회 공동체의 분별, 중보, 지지가 반드시 필요하다. 이 사람의 삶이 공공 리더십에 합당한가? 공동체 내에서 신뢰와 본이 되었는가? 출마의 동기가 하나님의 뜻에 합당한가? 준비되어 있는가?

이런 질문을 함께 묻고 응답해주는 공동체가 있을 때, 그 출마는 단순히 개인의 도전이 아니라 공동체의 사명이 될 수 있다.

그리고 그 공동체는 후보자의 당선 여부와 관계없이 그 도시의 빛과 소금 역할을 계속해서 감당할 수 있다.

실패해도, 의미 있다: 결과보다 방향이 중요하다

신자는 정치에 나서면서도 결과에 집착하지 않아야 한다.

물론 당선되면 더 큰 영향력을 발휘할 수 있다. 그러나 출마 자체만으로도 그 도시 안에 하나님의 나라가 임하는 씨앗이 될 수 있다.

기독 후보자의 출마로 정직한 담론이 생기고, 교회가 지역 사회와 대화를 시작하며, 그리스도인의 정치 참여에 대한 인식이 확장되고, 다음 세대가 희망을 볼 수 있다면, 그 출마는 이미 하나님의 역사 안에 있는 것이다.

우리는 다만 다니엘처럼 정직하게 설 뿐, 사자의 입을 막으시는 분은 하나님이시다.

시장 출마는 믿음의 정치, 소명의 시작

시장으로의 출마는 세속 정치에 뛰어드는 것이 아니라, 세상 가장 앞자리에서 하나님 나라를 설계하겠다는 믿음의 결단이다.

그것은 자기 영광이 아니라 하나님의 뜻을 위해, 자기만족이 아니라 도시 전체의 선을 위해, 자기만의 성공을 위한 것이 아니라 세대를 위한 발판이 되기 위해 먼저 무릎 꿇고 기도하며, 가장 낮은 자들의 눈물을 읽고, 가장 복잡한 행정 구조 속에서도 말씀이 흐를 수 있도록 길을 만드는 일이다.

이것이 기독 시장 후보의 소명이자, 믿음으로 정치에 나서는 이들의 출발점이다.

당신의 작은 한 걸음,
그것이 바로 하나님 나라의 씨앗이다.
믿음은 발걸음을 남긴다.
그리고 그 발걸음은 세상을 바꾸는 길이 된다.
이것이 바로
하늘 시민권자가 땅의 정치에 참여하는 방식이다.

17

시의원이 된 평신도, 사명의 확장

정치는 단지 '위에서 명령하는 권력의 언어'가 아니다.

진짜 정치는 오히려 '아래에서 시민의 삶을 가장 가까이 듣고, 조율하며, 반영하는 언어'다.

이런 점에서 기초의회에서 활동하는 시의원은 가장 생활 밀착형 정치인이라 할 수 있다.

예산의 시작과 통제, 조례의 제정과 수정, 행정의 감시와 견제, 그리고 각종 민원과 주민 갈등을 마주하는 모든 과정에 시의원의 손과 발, 귀가 함께한다.

그리고 바로 그곳에 한 명의 평신도 시의원이 서 있다는 것은 하나님 나라를 이루기 위한 매우 실제적이고도 소중한 사명의 확장이다.

시의원은 도시에 대한 영적 책임을 나누는 사람이다

"나는 정치를 잘 몰라요."

"그건 목회자의 일은 아니잖아요."

"평신도가 무슨 시의원까지…"

기독교인들 사이에서는 이런 반응이 많다.

그러나 실제로 시의원이라는 역할은 누구보다 현장 가까이에서 사람들의 목소리를 듣고, 결정의 책임을 지는 자리다. 그리고 그런 자리에는 반드시 정직하고 성실한 이가 있어야 한다.

시의원은 법을 만드는 입법권자이며, 동시에 예산을 심의하는 심사자이고, 행정을 감시하는 감시자이며, 지역 문제를 중재하는 조정자다.

시장은 비전을 말하고 추진하지만, 시의원은 그것이 실제로 공정하게, 효과적으로, 시민을 위해 실행되는지를 살피는 이들이다.

이 역할을 감당하는 데 있어 평신도이기에 더 적절할 수도 있다.

매일 교회와 직장, 가정과 이웃 사이에서 살아가는 평범한 신자는 세상의 아픔과 현실을 더 피부로 느끼고, 시민들과의 공감 속에서 신앙을 녹여낼 수 있다.

평신도 시의원, 신앙인의 공공 책임이 확장되는 자리

'평신도'라는 말은 종종 비전문가, 혹은 종교적 활동의 수동적인 참여자처럼 들리기도 한다.

하지만 성경적 평신도란 그런 존재가 아니다. 에베소서 4장에 따르면 모든 신자는 '성도를 온전하게 하며 봉사의 일을 하게 하며 그리스도의 몸을 세우기' 위해 부름받은 존재다.

이 말은 곧, 정치도 예외가 아니며, 하나님의 백성이라면 정치적 영역에서도 공적 책임과 봉사의 자세로 이 땅을 세워야 한다는 뜻이다.

시의원이 된 평신도는 교회 안에서의 섬김을 넘어, 도시 전체를 위한 공공 신앙의 확장을 감당하는 사람이다. 그가 참여하는 조례 하나, 그가 검토하는 예산안 하나, 그가 비판하는 행정의 한 조각이 곧 도시의 정의와 회복을 만들어가는 디딤돌이 된다.

기초의회는 작아 보이지만, 실제로는 가장 강력한 변화의 현장이다

기초의회는 국회에 비하면 작고, 조용하고, 덜 알려져 있다. 언론의 주목도도 적고, 시민들의 관심도 낮다.

그러나 그 의회가 다루는 것은 우리 일상의 가장 가까운 문제들이다. 어린이집 운영 기준, 공공체육시설 운영 방식, 도시 정비와 환경관리, 지역 예산의 배정 방향, 장애인 이동권 문제, 청소년 프로그램 예산, 골목길 조명 설치, 마을 안길 포장, 배수로 공사 등 이 모든 것이 시의회에서 결정된다.

신앙인이 이 자리에서 섬긴다면, 하나님의 마음으로 가장 작은 자들의 삶을 보호하고 회복하는 결정을 만들어갈 수 있다.

작다고 무시할 것이 아니다.

작기 때문에 더 생생하고, 더 실제적이며, 더 복음적으로 다가갈 수 있는 자리가 바로 시의원 자리다.

기도하는 손이 조례를 만들고, 예산을 살펴야 한다

신자의 기도는 세상을 움직이는 힘이다.

그러나 기도한 사람이 움직이지 않는다면, 그 기도는 세상 속으로 흘러들지 못한다.

기도는 결국 현장의 손발을 통해 완성된다.

조례를 제정할 때, 예산 항목을 심사할 때, 시정을 감시할 때, 하나님의 마음과 기준이 담긴 결정이 되도록 힘쓰는 시의원이 존재한다는 것, 그것이 바로 기도가 정책이 되는 과정이다.

시의원이 된 평신도는 자신의 삶과 신앙의 간격을 좁히고, 기도와 행정 사이를 연결하는 다리가 된다.

기도한 사람이 곧 대안을 제시하는 자가 되는 것, 그것이 하나님 나라 백성의 역할이다.

평신도의 언어로, 시민의 감정으로, 하나님의 질서를 행정에 담다

정치는 전문용어와 제도적 언어로 가득하지만, 그 핵심은 바로 '사람의 삶'이다.

그리고 평신도는 전문가가 아니기에 오히려 사람의 언어, 시민의 감정, 이웃의 고통을 더 깊이 이해하고 반영할 수 있는 존재다.

평신도 시의원은 시민의 눈으로 행정을 바라보며, 공직자의 말보다 주민의 삶을 중심에 두고, 서류가 아닌 기도 속에 들은 하나님의 뜻을 조심스럽게 조례에 담아낸다.

이러한 정치는 탁월한 리더가 아니라, 진실한 신앙인이기에 가능하다.

세상 기준이 아니라, 하나님의 은혜와 정의를 따라 설계하고 행하는 리더십이다.

시의원이 된 이후에도 '교회 공동체와의 연결'을 놓지 않아야 한다

신앙인이 정치인이 되면 때때로 교회로부터 고립되기도 한다. 비판을 피하거나 신앙의 논리가 오해받을까 두려워 아예 교회 안에서 자신의 역할을 숨기는 경우도 있다.

그러나 시의원이라는 자리는 더욱 교회와 연결되어야 하는 자리다. 기도를 받고 지혜를 나누며, 지역 사회의 고통을 공동체와 함께 분별하고 책임지는 정치가 되어야 한다.

교회는 시의원이 된 평신도를 정치적 사명자로 세우는 믿음의 후방 기지가 되어야 하며, 시의원은 교회를 정치적으로 이용하는 것이 아니라, 복음의 가치가 시정과 행정에 뿌리내리도록 연결하는 다리가 되어야 한다.

의정의 자리는 복음의 언어가 정치의 언어가 되는 현장이다

평신도 시의원이란 이름은 단지 시민을 위한 정치인이라는 뜻이 아니다. 이것은 도시를 위한 신앙인의 새로운 자리가 열렸다는 뜻이다.

조용히 예배드리던 손이 도시의 삶을 설계하고, 말씀을 읽던 눈이 조례안을 읽으며 진리를 찾고 기도하던 무릎이 시장과 공무원 앞에서도 진실을 증언하는 역할을 하게 된다.

그 자리는 결코 쉽지 않다. 정치적 이견, 지역 이권, 정당 압박, 여론의 비난 등을 접하게 된다.

그러나 그 자리를 감당하는 한 평신도의 걸음은 복음이 정치로 말해지는 방식, 말씀이 정책이 되어 실현되는 방식을 이 땅에 증언하게 될 것이다.

믿음으로 시의원이 된다는 것.

이것은 평신도의 사명이 새로운 장을 여는 일이자, 기도가 삶으로 나아가는 길을 여는 것이다.

신자의 기도는 세상을 움직이는 힘이다.
그러나 기도한 사람이 움직이지 않는다면,
그 기도는 세상 속으로 흘러들지 못한다.
기도는 결국 현장의 손발을 통해 완성된다.

18

목회자의 출마는
가능한가?

"목회자가 정치에 출마해도 되는가?"

이 질문은 신앙인들 사이에서 때때로 조심스럽게, 혹은 단호하게 오가는 논쟁의 주제다.

어떤 이들은 "안 된다"고 말한다. 설교단과 정치 연단은 엄연히 구분되어야 하며, 목회자가 정치에 나서는 순간 그 직분의 거룩함이 훼손된다는 주장이다.

반대로, 오늘날과 같이 정치가 혼탁하고 불의가 구조화된 시대에, 하나님의 공의를 바로 세울 사람은 영적으로 준비된 목회자밖에 없다며 출마를 적극 지지하는 이들도 있다.

이 두 입장 모두 일정 부분 타당성을 갖는다. 하지만 이 문제는 단순한 찬반의 문제가 아니다.

목회자라는 직분의 본질, 정치라는 공적 영역의 성격, 그리고 공동체와의 신뢰 관계 속에서의 분별이라는 측면을 함께 고려할 때 비로소 균형 잡힌 이해에 도달할 수 있다.

교회 안의 침묵과 세상 안의 부패

먼저 우리가 직면하고 있는 현실을 직시해야 한다.

교회는 오랫동안 정치에 대해 침묵해 왔다. 특정 정당을 노골적으로 지지하거나, 선거철에 표를 몰아주는 일 외에는 정책 검토나 입법 감시, 제도적 참여에는 거의 관심을 기울이지 않았다.

그 결과는 무엇이었는가?

세상은 점점 더 비상식적인 방향으로 흘러가고, 정치는 혐오와 갈등, 이익과 권모술수의 장이 되어버렸다.

교회는 "기도하자"고 말했지만, 기도한 사람이 직접 나서서 그 기도의 응답이 되는 일은 적었다.

이때 어떤 목회자들은 고민하게 된다. '설교만으로는 부족하다. 내가 직접 시청과 의회로 들어가서, 하나님의 공의를 실현해야 하지 않을까?'

이 고민은 일면 타당하다.

그러나 그 질문은 또 다른 더 깊은 질문으로 연결된다. '나는 지금 목회자로서 이 일을 감당하는 것이 맞는가?'

바로 이 지점이 핵심이다.

목회자는 어떤 사람인가?

목회자의 정체성은 단순히 설교하거나 교회를 운영하는 사람을 넘어선다. 그는 교회의 영적 리더요, 공동체를 위한 중보자이며, 말씀과 성례를 맡은 자로서의 영적 권위를 지닌다.

디모데전서 3장과 디도서 1장에 나오는 장로의 자격을 보면, 목회자의 삶은 개인 윤리뿐 아니라 공동체 앞에서의 신뢰, 모범, 절제가 포함된 사명의 자리임을 알 수 있다.

목회자는 성도들의 삶을 인도하는 지도자이자, 세상 속에서도 하나님 나라의 정신을 살아내도록 이끄는 도우미다. 그는 권세를 갖기보다, 섬기기 위해 부름받은 사람이다.

이런 역할을 감당하는 자가 정치라는 권력의 장에 나서는 것이 과연 적절한가에 대해선 정직한 자기 점검과 교회의 공동 분별이 필요하다.

정치 참여와 정치 출마는 다르다

정치 참여는 모든 신자에게 열려 있다. 목회자도 예외는 아니다.

오히려 그는 누구보다 날카롭게 세상을 읽고, 기도로 분별하며, 공공의 질서가 하나님 나라의 정신에 부합하도록 감시하고 발언해야 한다.

하지만 정치 출마는 또 다른 차원의 문제다. 출마는 단순한 의견 개진이나 공청회 참여 수준이 아니라, 제도 안에서 권력과 책임을 동시에 갖는 결정이다.

특정 정당과 정략적 연합을 맺어야 하고, 후원회와 선거 조직을 만들고, 정책적 타협과 다수설득, 전략적 침묵까지 요구되는 일이다.

그 모든 과정을 거치며 목회자로서의 영적 정체성을 어떻게 지킬 수 있을까? 그리고 그 정체성의 희생 없이, 정치인으로서의 책임을 감당할 수 있을까?

이 질문 앞에 서게 될 때, 우리는 결코 단순한 허용도, 단호한 금지도 말할 수 없다.

우려되는 지점들: 신학적, 실천적 고려

실제로 목회자가 정치에 출마할 경우 다음과 같은 우려들이 존재한다.

첫째, 설교단의 중립성 훼손이다. 말씀이 특정 정치 이념과 연결되면, 하나님의 음성이 당파의 논리로 오해될 수 있다. 교회는 그 자체로 복음을 전하는 공동체이지, 정당이나 이념을 위한 기관이 아니다.

둘째, 교회 내 분열 가능성이다. 성도들의 정치 성향은 다양하다. 목회자의 출마가 곧바로 교회의 입장으로 오해될 경우, 공동체 내부에 균열이 생기고 신뢰가 무너질 수 있다.

셋째, 목회 사역의 공백과 집중력 저하다. 정치는 전념이 필요한 일이다. 목회와 정치를 동시에 수행하는 것은 사실상 불가능하다. 결국 출마는 목회의 일시 중단 내지 포기를 전제로 해야 한다.

이런 현실적인 문제들을 외면한 채 '신앙인이니까 나서야 한다'는 단순한 열정으로는 오히려 교회와 사회 모두를 곤란하게 만들 수 있다.

그러나 불가능한 일인가?… 그렇지는 않다

그렇다면 목회자는 절대 출마하면 안 되는가?

꼭 그렇지만은 않다.

역사적으로도, 현실에서도 소명과 책임의 분별 속에 출마하여 의미 있는 역할을 감당한 목회자들이 있었다.

미국의 마틴 루터 킹 목사는 비록 공식 출마는 하지 않았지만, 사실상 정치 구조를 흔드는 설교자요, 행동가였다.

남아프리카공화국의 데스몬드 투투 주교는 인종차별에 맞서 싸우며 국가 통합의 상징적 인물이 되었다.

한국에서도 과거 유신 반대와 민주화 운동에서 앞장섰던 목회자들이 후에 지방의회나 교육의 장으로 진출한 예가 있다.

이들의 공통점은 목회자의 정치 출마가 하나님 앞에서 분별된 소명으로 이뤄졌다는 점, 그리고 교회 공동체의 인정과 후원이 함께 했다는 점이다.

출마 전에 반드시 필요한 것: 분별, 사임, 공동체 동의

목회자가 출마할 수 있다고 말할 수 있으려면 다음의 전제들이 반드시 충족되어야 한다.

첫째, 충분한 기도와 분별이다. 단순한 분노나 현실 타개가 아니라, 말씀과 기도로 깊이 묻고 확인된 부르심이어야 한다.

둘째, 목회 사역의 정리다. 기존의 사역을 잠시 휴직하거나 사임하고, 정치인의 역할에 집중할 수 있도록 결단해야 한다.

셋째, 공동체의 동의다. 섬기던 교회 공동체의 충분한 논의와 이해가 전제되어야 하며, 교회의 분열을 유발하지 않고, 오히려 교회의 공공 책임을 확장하는 결과가 되어야 한다.

이런 조건이 충족된다면, 그 출마는 단지 개인의 정치 도전이 아니라 복음이 정치 속으로 걸어 들어가는 사건이 될 수 있다.

목회자의 출마는 가능하되, 아무 때나 가능하지 않다

목회자의 정치 출마는 그 자체로 옳거나 그르다고 판단하기 어렵다.

중요한 것은 출마의 목적, 동기, 준비, 그리고 공동체와의 관계다.

기도와 말씀에 기초한 분별, 하나님 나라를 위한 구체적인 비전, 교회의 동의와 연대, 사역의 정리와 새로운 헌신의 각오가 모두 함께 갈 때만 그 출마는 거룩한 발걸음이 될 수 있다.

정치는 위험한 길이지만, 그 길에 복음이 필요하다면 그 누구도 그 길을 감당하지 않겠다고 말할 수 없다.

목회자의 출마는 그 자체가 목적이 아니다.

그것은 하나님 나라를 도시의 구조 속에 구현하려는 또 하나의 사명 감당 방식이다.

문제는 자격이 아니라, 진정성과 타이밍, 공동체성과 책임이다.

그 기준이 분명하다면, 하나님은 때로 설교단 위가 아닌 시청 안에서도, 교회 강단이 아닌 의회 회의실 안에서도 역사하신다.

19

시민단체와 지역감시,
의로운 견제

우리는 흔히 정치 참여라고 하면 선거에 출마하는 것을 떠올린다.

시장이나 시의원이 되어야만 세상을 바꾸는 것처럼 생각하기 쉽다.

그러나 그것은 정치의 한 방식일 뿐이다.

누군가는 행정을 맡고, 누군가는 법을 만들지만, 또 다른 누군가는 그 모든 과정을 지켜보고 감시하며 견제함으로써 공공의 선을 지킨다. 그 자리가 바로 시민단체와 지역감시의 자리다.

조용하지만 결코 작지 않은 그 영향력 속에서, 하나님의 백성들은 정의와 공의를 위한 '의로운 감시자'로서의 사명을 감당할 수 있다.

이 장은 그런 참여가 왜 중요한지, 어떻게 이루어져야 하는지를 풀어가는 이야기다.

감시는 불신이 아니라 책임이다

'감시'라는 단어는 어감상 부정적으로 들릴 수 있다. 마치 누군가를 지켜보며 흠을 잡으려는 의도처럼 느껴지기 때문이다.

하지만 민주주의에서 감시는 결코 불순하거나 공격적인 일이 아니다. 오히려 권력이 권력답게 행사되도록 만드는 건강한 긴장 장치다.

성경은 반복해서 지도자들의 권한이 오용될 수 있음을 경고한다. 사사 시대의 이스라엘은 반복적으로 타락했고, 이스라엘의 왕들은 자신의 위치를 이용해 백성들을 억압하기도 했다. 하나님은 예언자들을 보내어 경고하셨고, 공의롭지 못한 통치를 책망하셨다.

오늘날 우리 대한민국 사회도 마찬가지 상황이다. 감시와 견제를 받지 않는 권력은 타락하기 마련이다. 교회는 이런 시대적 현실 앞에서 기도만이 아니라 책임 있는 감시의 역할도 함께 감당해야 한다.

시민단체는 지역의 '영적 파수꾼'이 될 수 있다

시민단체란 특정 정당이나 세력의 이해를 넘어서, 지역 공동체의 정의, 투명성, 지속가능성을 위해 활동하는 자발적 모임이다.

그들은 예산이 정당하게 집행되는지 감시하고, 불공정한 행정이나 정보 비공개를 비판하며, 주민들의 목소리를 정책에 반영시키기 위한 중재 활동을 한다.

기독교인은 이 시민단체 활동에서 단순한 참여자를 넘어, 세상의 빛과 소금으로서의 사명을 감당할 수 있다.

특히 기도하는 마음, 말씀의 분별력, 약자에 대한 민감성은 시민단체 안에서도 매우 귀한 자산이 될 수 있다. 예를 들어, 지역 개발 사업에서 이해 충돌 문제가 생겼을 때, 예산이 특정 단체에 편중될 때, 감사 결과가 은폐되거나 축소될 때, 기독교인은 그 부정을 고발하는 것이 아니라, 회복을 위한 제안을 하는 감시자가 되어야 한다.

하나님의 정의는 복수를 위한 것이 아니라, 회복을 위한 것이다.

감시 활동은 도시를 위한 기도와 같은 일이다

시민단체나 지역감시 활동은 마치 '눈을 뜨고 기도하는 것'과 같다.

단지 무릎 꿇고 중보하는 것이 아니라, 하나님의 뜻이 이루어지기를 바라는 마음으로 예산서와 회의록을 들여다보고, 부정이 반복되지 않도록 질문을 던지고, 시민들과 함께 공정함을 지켜가는 것, 그 자체가 기도다.

하박국 선지자는 시대의 불의에 대해 이렇게 울부짖었다. "여호와여 내가 부르짖어도 주께서 듣지 아니하시니 어느 때까지리이까 내가 강포로 말미암아 외쳐도 주께서 구원하지 아니하시나이다"(합 1:2). "… 어찌하여 거짓된 자들을 방관하시며 악인이 자기보다 의로운 사람을 삼키는데도 잠잠하시나이까"(합 1:13).

그는 무력하게 보이는 의인이 아니라, 하나님 앞에 시대의 아픔을 들고 나아간 감시자요 중보자였다.

시민단체의 역할도 이와 비슷하다. 감시자이되, 고발보다 회복을 꿈꾸는 감시자, 갈등보다 공공선을 추구하는 감시자다.

지역감시의 실제: 우리가 할 수 있는 일들

구체적으로 지역 사회에서 신자가 감당할 수 있는 감시 활동은 다음과 같은 것들이 있다.

첫째, 예산 모니터링. 시의회에 제출된 예산안이 어떻게 편성되었는지 분석하고, 특정 영역에 과도한 지출이나 불균형이 없는지 확인한다.

둘째, 조례 감시. 새롭게 제정되거나 개정되는 조례가 시민의 권리를 해치거나, 소수자에게 불리하게 작용하지 않는지 검토한다.

셋째 정보공개 청구. 의심스러운 정책이나 수의계약 등이 있을 경우, 공식적인 정보공개 절차를 통해 투명성을 요구한다.

넷째, 행정 감사 참여. 감사 결과에 대해 시민단체로서 의견을 개진하고,

제대로 이행되지 않은 경우에는 지속적인 압박을 가한다.

다섯째, 청원 및 캠페인. 부당한 정책이나 방치된 사안에 대해 시민들의 뜻을 모아 제도 개선을 요구하고 행동한다.

이 모든 과정에서 중요한 것은 비판을 위한 비판이 아니라, 시민과 도시를 위한 정의로운 동행자로 서는 태도다.

교회는 감시를 두려워하지 말고, 감시자가 되어야 한다

때로 교회는 감시라는 말을 들으면 경계한다. '정치적인 일', '분열을 야기할 수 있는 일'이라며 거리를 둔다.

그러나 성경은 반복해서 말한다. 빛은 어둠을 드러내는 것이며, 소금은 부패를 막는 것이라고.

감시하지 않는 교회는 바로 어둠에 눈을 감은 교회요, 부패에 침묵하는 교회다.

지역감시 활동은 단지 단체 활동에 참여하는 것이 아니라, 도시를 위한 기도, 시민을 위한 섬김, 하나님의 나라를 위한 실천의 다른 이름이다.

교회는 성도들이 이런 참여를 부담스러워하지 않도록 도와야 한다.

오히려 감시 활동을 통해 신앙이 세상 속에서 살아 움직일 수 있다는 사실을 알려주어야 한다.

기도는 예배당에서 시작되지만, 정의는 거리와 회의실, 의회에서 이루어진다.

나서지 않아도, 감시함으로 정치에 참여하라

모든 사람이 출마해야 하는 것은 아니다.

모든 교회가 정치적 주체가 되어야 하는 것도 아니다.

그러나 하나님 나라를 꿈꾸는 사람이라면, 불의가 구조화되지 않도록 눈을 뜨고 있어야 한다.

시민단체 활동과 지역감시는 소란스럽지 않게 그러나 묵직하게 하나님의 뜻이 도시 속에 스며들게 하는 도구다.

그리고 그 도구를 들고 서 있는 사람이 기도하는 손, 말씀을 읽는 눈, 성령에 민감한 귀를 가진 신자라면 그 감시는 단순한 '견제'를 넘어, 도시 전체를 위한 '축복'이 된다.

정치는 참여하는 사람이 만드는 것이다.

그리고 감시하는 자도, 참여하는 사람이다.

조용하지만 결코 작지 않은 그 영향력 속에서,
하나님의 백성들은 정의와 공의를 위한
'의로운 감시자'로서의 사명을 감당할 수 있다.

20

기독 언론과
여론 형성의 사명

우리가 살아가는 사회는 '말'로 움직인다.

정치도 말로 시작되고, 법도 말로 설계된다.

한 줄의 기사, 한 문장의 발언, 한 사람의 목소리가 세상의 흐름을 바꾸고, 여론을 움직이며, 현실의 구조를 흔든다. 그만큼 언론은 강력한 힘을 가진 공공 도구다.

그렇다면 질문해야 한다. 기독교인은 이 말의 세계, 곧 언론과 미디어, 여론 형성의 장에서 어떤 역할을 감당하고 있는가? 말씀으로 세상을 창조하신 하나님의 백성들이 오늘 세상 속에서 어떤 말로, 어떤 소리로, 어떤 시선으로 이 사회를 바라보고 있는가?

이 장에서는 특히 지역 언론의 중요성과 함께, 기독 언론이 감당해야 할 역할, 그리고 신앙인이 이 미디어의 영역에서 어떻게 복음의 진실과 정의를 말할 수 있는지를 함께 살펴보고자 한다.

말의 힘은 세상을 바꾼다

성경은 말의 위력을 끊임없이 강조한다. 하나님은 말씀으로 세상을 창조하셨고(창 1:3), 예수 그리스도는 말씀이 육신이 되어 이 땅에 오셨다(요 1:14). "온순한 혀는 곧 생명 나무이지만"(잠 15:4), 혀는 생명을 살리기도 하고 죽이기도 한다(약 3:5-10).

그만큼 말의 힘은 영적이며 실존적이다.

그리고 언론은 그 말의 힘을 가장 집약적으로 다루는 공간이다.

기독교인은 단지 개인적인 말, 설교와 간증의 말뿐 아니라 공적 언어, 사회적 언어, 여론의 언어에 대해서도 신앙적으로 책임 있는 자세를 가져야 한다.

왜 '기독 언론'이 필요한가?

많은 교회와 성도들은 언론을 불편하게 여긴다.

과거 교회를 향한 비판적인 기사, 왜곡된 보도, 선동적 이슈화 등으로 인해 언론은 늘 거리를 두어야 할 존재처럼 인식되어 왔다.

하지만 언론은 비판의 도구이기 전에, 공동체의 거울이다.

정의로운 언론은 잘못을 드러내는 데서 그치지 않고, 사람들의 시선을 생명의 문제로 돌리고, 침묵 속에 묻힌 진실을 복원하며, 공공의 선을 위해 담론을 여는 공간이 된다.

기독 언론은 바로 그 일을 하나님의 진리와 말씀의 빛 아래에서 감당하는 도구다.

거짓이 넘치는 시대에 진실을 말하고, 혐오가 일상화된 시대에 공감을 말하며, 권력이 언어를 독점하는 시대에 약자의 말을 대변하고, 정치가 진영의 도구가 되는 시대에 하나님 나라의 관점을 제시하는 것, 이 모든 것이 기독 언론의 사명이다.

지역 언론은 왜 더 중요할까?

전국적인 뉴스는 대부분 수도권 중심이다.

그러나 한 도시의 개발 방향, 학교 배정, 복지 정책, 조례 개정 등은 지역 언론을 통해서만 비로소 드러나고 논의된다.

문제는 많은 지역 언론이 지방정부의 홍보 수단으로 전락했거나, 정당과 이해관계에 얽힌 사설 플랫폼이 된 경우도 많다는 것이다.

이럴수록 진실을 전하고, 시민의 관점을 대변하며, 정치의 감시자가 되어주는 건강한 지역 언론의 필요성이 절실하다.

기독교인은 이 영역에서 직접 언론을 운영할 수도 있고, 기자, 칼럼니스트, 독자, 제보자, 콘텐츠 제작자 등 다양한 방식으로 복음의 가치로 지역 사회의 여론을 형성하는 일에 참여할 수 있다.

여론은 시대의 방향을 바꾼다

한 장의 기사, 하나의 영상, 한 명의 증언이 공공의 의제를 새롭게 만들고, 정치적 방향을 뒤흔들고, 정의가 드러나는 계기가 되기도 한다.

투명하지 않았던 행정이 시민의 관심 속에 조사되고, 잘못된 조례안이 언론 보도로 철회되고, 고통받던 약자의 사연이 드러나며 법이 바뀌는 일은 지방 언론과 여론의 영향력을 단적으로 보여준다.

기독 언론이 여기에 개입한다는 것은 그 영향력을 오직 생명과 회복, 정의와 공동선의 방향으로 사용하겠다는 신앙적 선택이다.

기독 언론이 견지해야 할 기준

기독 언론이 단지 '기독교인들이 만든 매체'라고 해서 기계적으로 옳은 것은 아니다.

오히려 더 높은 윤리와 신학적 기준이 요구된다. 그 기준은 다음과 같다.

첫째, 사실에 근거할 것. 신앙은 진실 위에서 자란다. 가짜 뉴스와 왜곡은 복음의 적이다.

둘째, 사람을 존중할 것. 하나님의 형상대로 지음 받은 사람에 대해 멸시하거나 비하하는 언어는 사용해서는 안 된다.

셋째, 공동체를 섬길 것. 정당이나 이념이 아니라, 도시 전체의 공공선을 기준 삼아야 한다.

넷째, 분별력을 가질 것. 무엇이 본질이고 무엇이 선동인지, 무엇이 복음에 부합하며 무엇이 신앙을 위협하는지 명확히 분별하는 신학적 안목이 필요하다.

다섯째, 희망을 말할 것. 세상의 어둠을 고발하는 데 그치지 않고, 회복과 변화의 가능성을 열어야 한다.

신자는 말하는 사람이어야 한다

오늘날 세상은 너무 많은 말로 가득하다.

그러나 그 많은 말들 중에서 진실한 말, 생명을 살리는 말, 하나님 나라의 시선을 담은 말은 많지 않다.

기독 신자는 그 말의 빈자리를 채워야 한다.

무례하지 않되 담대하게, 조용하지만 분명하게, 세상의 언어를 복음의 언어로 이끌 수 있는 사람이어야 한다.

SNS 한 줄, 지역신문 기고문 한 편, 토론회에서의 발언 하나가 하나님의 시선과 교회의 책임을 드러내는 도구가 될 수 있다.

말로 이루어지는 세상에 믿음의 언어를 심자

언론과 여론의 세계는 더 이상 '세속의 영역'이 아니다.

하나님께서 말씀으로 세상을 창조하셨듯, 우리의 언어, 우리의 글, 우리의 콘텐츠로 세상을 다시 설계할 수 있다.

기독 언론은 비판을 위한 비판이 아니라, 회복과 책임의 목소리를 담은 예언자적 언론이 되어야 한다.

그리고 그 언론의 힘은 조직보다 한 명의 신실한 신자의 눈과 귀, 말과 글에서 출발한다.

진리를 말하는 사람, 생명을 기록하는 사람, 정의를 질문하는 사람, 복음을 여론으로 전환할 줄 아는 사람. 그런 신자들이 많아질 때 도시는 변화하고, 교회는 세상의 중심에서 다시 설 수 있다.

오늘날 세상은 너무 많은 말로 가득하다.
그러나 그 많은 말들 중에서 진실한 말, 생명을 살리는 말,
하나님 나라의 시선을 담은 말은 많지 않다.
기독 신자는 그 말의 빈자리를 채워야 한다.
무례하지 않되 담대하게, 조용하지만 분명하게,
세상의 언어를 복음의 언어로 이끌 수 있는 사람이어야 한다.

21

교회 중심 커뮤니티의
공공적 영향력

교회는 본질적으로 공동체다.

예배를 드리는 사람들의 모임일 뿐 아니라, 삶을 나누고, 서로를 돌보며, 이웃과 더불어 살아가는 하나님의 백성 공동체다.

오랫동안 교회는 그 공동체적 성격을 신앙생활의 내부적 차원에 국한해 왔다.

예배, 성경공부, 기도회, 봉사, 찬양 등, 이 모두가 중요하지만, 그 공동체성이 지역 사회 전체로 확장되지 못하는 한, 교회는 '세상 속의 섬'처럼 고립되기 쉽다.

이 장에서는 교회를 중심으로 형성되는 커뮤니티가 어떻게 지역의 공공선에 기여하고, 도시의 질서와 삶의 흐름을 회복시키는 거룩한 영향력을 발휘할 수 있는지를 살펴보자.

교회는 지역의 축복이 되어야 한다

성경은 교회가 세상의 빛과 소금이 되어야 한다고 말한다. 그것은 단지 신자의 개별적 삶의 모범을 말하는 것이 아니다.

교회라는 공동체 전체가 세상 속에서 공공적 책임을 감당해야 한다는 뜻이다. "너희는 세상의 소금이니 … 너희는 세상의 빛이라"(마 5:13-14).

예수님은 제자 개개인만이 아니라, 그들이 모인 공동체 전체를 세상을 밝히고 맛을 내는 존재로 부르셨다.

이 부르심은 오늘날 교회에도 동일하다.

예배당 안에서 드리는 찬양이 이웃의 삶에 울림이 되어야 하고, 기도실 안의 간구가 거리와 마을로 흘러가야 한다.

즉, 교회는 그 자체로 지역을 위한 선한 영향력의 허브가 되어야 한다.

교회 중심 커뮤니티란 무엇인가?

'교회 중심 커뮤니티'란 단순히 '교회에 모이는 사람들이 만든 모임'이 아니다.

이 말은 교회를 중심으로 신자들이 신앙을 삶으로 확장시키고, 그 삶이 다시 지역 사회 안에서 실천되고 연결되는 공동체적 구조를 의미한다.

예를 들면, 교회의 청년부가 지역 청소년을 위한 공부방과 상담센터를 운영하고, 여성 성도들이 복지 사각지대에 놓인 이웃을 위한 반찬 나눔과 방문 돌봄 사역을 하며, 장년부와 장로회가 동네 주민센터와 연계해 취약계층의 난방비나 의료비를 지원하고, 목회자가 지역 시의원들과 정책 간담회를 통해 교회의 관점에서 의견을 개진하고, 교회 카페가 지역 주민들에게 무료 공간을 개방해 커뮤니티 모임을 후원하는 것. 이 모든 것은 예배 공동체가 도시 공동체로 확장되는 거룩한 움직임이다.

그리고 그것은 곧 교회가 공공의 선을 위해 존재하는 커뮤니티라는 사실을 증명하는 방식이기도 하다.

사례: 살아 움직이는 교회 중심 커뮤니티

① 경기도의 한 교회는 지역 내 다문화 가정 자녀들을 위한 한국어 교육과 방과후 돌봄센터를 운영하며, 주민센터가 감당하지 못하는 정서적·영적 돌봄을 함께 실천하고 있다. 주민들은 그 교회를 '다문화 가정의 이웃'이라 부른다.

② 전북의 한 교회는 마을신문을 발행해 지역 이슈와 복지 정보, 마을공동체 활동을 소개하며 '기독 언론의 역할'을 공동체 기반에서 감당한다.

③ 부산의 한 도시 빈민 지역 교회는 소그룹 교인들이 자발적으로 쪽방촌 주민들과 생필품을 나누는 일에 참여하고, 지역 의원과 연계해 낡은 주거 환경 개선을 위한 조례 개정을 이끌어냈다.

이런 사례들은 모두 '대형교회'가 아니라, 마을 안에 깊이 뿌리내린 작고 충성된 교회들에서 시작된 일들이다.

신앙은 공동체 속에서 힘을 발휘한다

오늘날 많은 교회가 개인주의적 신앙으로 흔들리고 있다.

'말씀을 얼마나 많이 들었는가'보다 '그 말씀이 얼마나 공동체와 사회 속에서 실천되었는가'가 더 중요한데, 우리는 종종 신앙을 개인의 도덕성 수준에서 멈추게 만든다.

그러나 성경이 말하는 신앙은 늘 공동체 속에서 실현되었고, 도시와 마을의 변화를 수반했다.

초대교회는 가진 것을 나누고, 고아와 과부를 돌보았으며, 도시 전체에 선한 영향력을 주는 살아 있는 커뮤니티였다.

이는 바로 교회 원형이며, 오늘 우리가 회복해야 할 공공적 신앙 모습이다.

지역 정치와 행정도 교회 커뮤니티와 연계되어야 한다

지역 사회에서 교회는 더 이상 '독립된 공간'으로 머물 수 없다.

시청, 주민센터, 복지관, 학교, 병원 등과 적절한 협력과 소통을 통해 공공의 자원과 사명에 함께 참여하는 열린 커뮤니티가 되어야 한다.

예를 들어, 시에서 시행하는 돌봄 정책이 교회 공간을 통해 이루어질 수 있고, 도시계획 논의에서 교회가 지역민의 관점에서 제안을 제시할 수 있으며, 공청회와 조례 설명회에 교인들이 적극적으로 참여함으로써 교회가 '지역의 의견 창구'로 기능할 수 있다.

이때 중요한 것은 교회가 '정치적 입장'을 드러내는 것이 아니라, 지역 사회의 생명과 정의를 위한 가치 중심의 참여를 하는 것이다.

그럴 때 교회는 정치화되지 않고도 공공의 이익을 위해 복음의 정신을 실현하는 커뮤니티가 될 수 있다.

교회는 마을의 한복판에서 하나님 나라를 짓는다

교회는 성벽 안에 갇힌 성이 아니다.

교회는 도시 한복판에서 하나님 나라를 짓는 사람들의 공동체다.

그 공동체는 이웃을 살피고, 제도의 빈틈을 메우며, 행정의 방향에 질문을 던지고, 돌봄과 섬김, 나눔과 연대를 통해 공공의 장을 믿음의 사랑으로 물들인다.

교회 중심 커뮤니티는 지역의 무관심을 관심으로 바꾸고, 사적 욕망이 지배하는 공간에 공동체성과 공공성을 회복시키는 거룩한 저항의 시작점이 될 수 있다.

오늘, 우리 교회가 우리 마을의 공공선에 얼마나 기여하고 있는지를 정직하게 묻는 것으로부터 믿음의 정치, 공동체적 정의, 지역의 회복은 시작된다.

22

지지, 후원, 자문도
믿음의 정치다

정치에 참여하라는 말은 때때로 벅차게 들린다.

"출마하라는 건가?"

"시민단체를 만들라는 건가?"

"설마 기자가 되라는 건가?"

사람들은 정치 참여를 거창하게 받아들이곤 한다.

그리고 그렇게 느끼는 순간, 대부분은 한 발 물러선다. '나는 못 할 것 같아. 나는 그냥 기도나 할래.'

하지만 정치는 거창한 사람들만의 것이 아니다. 정치는 참여하는 모든 사람들의 것이며, 그 참여의 방식은 다양하고 구체적이며 일상의 언어 속에 있다.

하나님 나라를 이 땅에서 실현하는 정치란 큰 목소리만으로 되는 일이 아니다. 때로는 묵묵한 지지, 때로는 신실한 후원, 때로는 지혜로운 자문이 역사의 전환점이 되기도 한다.

혼자가 아니라 함께하는 정치

누군가 정치에 나서기로 결단할 때, 그 사람은 혼자서는 설 수 없다.

특히 기독 신앙을 가진 정치인은 더 그렇다.

그의 말이 오해받지 않도록, 그의 길이 외롭지 않도록, 그의 판단이 말씀에 어긋나지 않도록 곁에서 함께 고민하고, 지지하고, 중보하고, 조언해 줄 사람들이 필요하다.

정치적 소명은 공동체적 응답을 필요로 한다.

그 사람이 시장에 출마하든, 시의원이 되든, 시민단체 활동을 하든, 혹은 정책 연구를 하든, 그를 믿고 지지해 줄 교회, 그를 위해 기도해 줄 중보자, 그의 판단을 점검해 줄 지혜로운 동역자들이 함께할 때 그 정치가 흔들림 없이 선을 향해 걸어갈 수 있다.

지지는 정치적 태도의 시작이다

정치 참여는 말로 시작된다.

"나는 누구를 지지한다."

"나는 이런 가치를 중요하게 여긴다."

"나는 이런 방향의 행정과 법이 필요하다고 본다."

그 말은 이미 참여다.

기독교인이 이런 말을 하지 않으면 세상은 우리의 침묵을 동의로 간주하거나 무관심으로 치부한다.

그러나 우리가 진실하게 지지할 대상을 밝히고, 하나님의 정의와 생명의 가치를 추구하는 사람들을 공개적으로 응원할 때 세상은 교회가 여전히 살아 있고, 공공의 선에 관심이 있다는 것을 인식하게 된다.

신중하고 겸손하되, 두려움 없이 지지하는 태도는 중립을 가장한 침묵보다 훨씬 더 건강한 참여다.

후원은 믿음의 연대다

기독 정치인이든, 시민단체든, 공공 언론이든 세상 속에서 하나님의 뜻을 실현하려는 이들에게는 물질적 자원과 정서적 지지가 반드시 필요하다.

후원은 단지 돈을 보내는 일이 아니다. 그것은 "내가 당신과 함께하고 있습니다"라는 믿음의 표현이다.

적은 금액이라도 정기적으로 후원하며, 기도로 기억하고, 필요할 때 봉사와 실무로 도우며, 그들의 사역이 지치지 않도록 동행해 주는 것이 바로 신자의 또 다른 정치적 실천이다.

하나님 나라는 큰 사람이 홀로 만드는 것이 아니라, 작은 헌신들이 이어져 만들어지는 역사다.

후원은 그런 헌신의 가장 구체적인 형태다.

자문은 정치를 바른 길로 인도하는 손이다

정치인은 모든 분야를 알 수 없다.

특히 신앙인으로서 출마한 정치인은 신학적 기준, 윤리적 균형, 공동체적 시선에 대해 조언을 받을 필요가 있다.

이때 신앙 공동체 안의 전문가들, 경험 많은 선배들, 공공의 감각을 지닌 교인들이 정책을 함께 점검하고, 조례 초안을 함께 보고, 지역 현안에 대한 복음적 관점을 함께 나눌 수 있다면, 그 정치인은 홀로 싸우는 외로운 전사가 아니라 공동체 전체가 함께 세운 '공복(公僕)'이 될 수 있다.

정치적 자문은 교회의 사명과 무관하지 않다. 선지자는 단지 앞에 나선 사람이 아니라, 옆에서 진리를 말해주는 이이기도 하기 때문이다.

조용한 참여가 거대한 변화를 만든다

한국 교회의 문제는 소수의 강력한 발언자만 있고, 지속적으로 조용히 동참하는 다수가 적다는 데 있다.

그러나 실제로 세상을 바꾸는 힘은 꾸준히 함께 걷는 사람들에게 있다.

공청회에 참석해 발언한 사람, SNS에서 믿는 마음으로 정책을 분석한 사람, 선거운동 기간 한 장의 전단을 함께 나눈 사람, 한 달에 만 원을 보내며 기도한 사람, 전화 한 통으로 격려한 사람 등.

이런 이들이 많아질 때, 정치는 바뀐다.

사회는 회복된다.

신앙은 세상 속에서 증언된다.

모두가 다 해야 한다는 부담은 없다

중요한 것은 모두가 직접 뛰라는 것이 아니라, 누구도 빠져서는 안 된다는 것이다.

누군가는 선두에 서고, 누군가는 중간에서 길을 잡고, 누군가는 뒤에서 밀어주는 역할을 감당한다.

기독교인의 정치 참여는 출마만이 아니라, 지지하고, 후원하고, 조언하는 다양한 방식으로도 하나님 나라의 운동에 함께하는 일이다.

하나님은 역할을 나눠 주신다. 바울이 심고, 아볼로가 물을 주고, 하나님이 자라게 하신다(고전 3:6).

지지와 후원, 자문은 보이지 않지만 그래도 절대 빠질 수 없는 '믿음의 물주기'다.

이름 없이 빛나는 동역자들

성경 속에는 이름이 드러나지 않지만, 사도들을 후원하고, 예수님을 섬기고, 복음의 길을 함께 걸어간 수많은 사람들이 있다. 로마서 16장에 나오는 뵈뵈, 브리스가와 아굴라, 가이오, 에라스토, 드로비모 등. 그들은 이름보다 더 귀한 역할을 했다.

오늘날 교회 안에도, 지역 사회의 믿음의 정치 현장에도 이름 없이 빛나는 동역자들이 필요하다.

그들은 크게 외치지 않아도, 언론에 나오지 않아도, 하나님 나라의 공공 정치가 뿌리내릴 수 있도록 조용히 그러나 단단히 땅을 다지는 사람들이다.

지지하고, 후원하고, 자문하는 모든 이들이 이 시대의 또 다른 바나바요, 브리스가요, 디모데가 된다.

우리가 진실하게 지지할 대상을 밝히고,
하나님의 정의와 생명의 가치를 추구하는 사람들을
공개적으로 응원할 때
세상은 교회가 여전히 살아 있고,
공공의 선에 관심이 있다는 것을 인식하게 된다.
신중하고 겸손하되, 두려움 없이 지지하는 태도는
중립을 가장한 침묵보다 훨씬 더 건강한 참여다.

23

청년, SNS, 디지털 공론장
참여 전략

오늘날 세상은 광장에서 움직이지 않는다.

마우스 클릭 한 번, 스마트폰 터치 한 번이 하루아침에 수십만 명의 감정과 생각을 움직인다.

유튜브, 인스타그램, 페이스북, 트위터, 틱톡 등 디지털 공론장이 곧 정치의 현장이 되었다.

이 공간은 사실과 거짓, 정의와 왜곡, 선동과 진실이 치열하게 싸우는 전쟁터다.

그리고 이 공간에서 가장 활발히 살아가는 세대가 바로 청년이다. 하지만 문제는 기독 청년의 정치적 침묵이다. 그들은 디지털 세상의 언어에 익숙하면서도, 정치적 발언에 대해서는 소극적이거나 무관심하다. 심지어 신앙과 정치의 연결을 부정하는 태도마저 나타난다.

이 장에서는 디지털 시대에 기독 청년이 어떻게 SNS와 온라인 공론장에서 믿음을 가지고 건강하게 정치에 참여할 수 있는지, 그 실천 전략과 영적 자세를 함께 고민해 보자.

디지털은 청년의 언어다

지금의 10대, 20대, 30대는 디지털 환경에서 태어나고 자란 세대다.

신문을 넘기기보다 스크롤을 내리고, 길거리 유세보다 릴스 영상에 더 귀를 기울이며, 포스터보다 짧은 자막, 댓글, 공유 콘텐츠에 더 익숙하다.

이들은 매일 수많은 사회적 이슈와 정치적 사건들을 유튜브 알고리즘, 뉴스 앱 푸시 알림, 트위터 해시태그를 통해 접한다.

그리고 그 속도는 너무나 빠르고, 감정은 자극적이며, 소통은 짧고 선명하다.

정치는 이 공간을 절대 무시할 수 없다.

문제는 여기에 복음의 언어, 신자의 시선, 믿음의 논리가 거의 없다는 점이다.

기독 청년이 침묵하면, 다른 소리가 채운다

SNS는 공백을 허용하지 않는다.

누군가 침묵하면, 다른 누군가가 그 자리를 채운다.

그것이 가짜뉴스이든, 편향된 이념이든, 감정적 선동이든 신자의 침묵은 곧 여론의 왜곡으로 이어진다.

디지털 공론장은 지금, 기독 청년의 분별력 있는 개입을 기다리고 있다. 정중하지만 분명한 사실 전달, 분열이 아닌 대화의 언어, 혐오가 아닌 진리의 접근, 주관이 아닌 말씀에 근거한 비판 등.

이런 메시지가 있다면, 디지털 공간 속에서도 신자의 목소리는 살아날 수 있다.

왜 청년이어야 하는가?

청년은 디지털 공간을 누구보다 가장 빠르고 정확하게 감각적으로 이해하는 세대다.

기성세대가 '어떻게 해야 할지' 고민할 때, 청년은 직관적으로 반응하고 행동할 수 있는 디지털 언어 사용자다.

또한 청년은 기성세대에 비해 권위와 이념에 덜 얽매이고, 이슈 중심, 가치 중심의 판단이 가능하다. 이런 점에서 청년은 디지털 정치 공간에서 가장 전략적인 참여자가 될 수 있다.

그렇기에 교회는 청년이 정치에서 멀어지지 않도록, 디지털 정치의 책임 있는 사용자가 되도록 돕고 파송해야 한다.

무엇을 말할 것인가: 복음의 언어로 공공 이슈를 해석하기

기독 청년이 디지털 공론장에서 말해야 할 것은 단순한 교리나 설교가 아니다.

세상 사람들이 고민하는 이슈를, 하나님의 시선으로 조명하고 풀어내는 언어다.

예를 들어, 부동산 문제를 공정과 정의의 시각으로, 청년 실업을 소명과 기회 형평성의 관점에서, 성소수자 이슈를 진리와 사랑의 긴장 안에서, 차별 금지법 논쟁을 양심의 자유와 공동체 질서 안에서, 세상은 답을 찾지 못하고 혼란한데, 기독 청년이 그 혼란에 복음의 기준을 세워줄 수 있다면 그 목소리는 단순한 의견이 아니라 예언자적 발언이 된다.

어떻게 말할 것인가: 겸손하지만 분명하게

디지털 공간은 감정의 파도 위에 떠 있다. 분노, 조롱, 냉소, 무시 등 이런 감정들이 여론을 이끈다.

이곳에서 기독 청년은 다른 방식으로 말해야 한다. 결코 대결이 아니라 대화로, 감정이 아니라 근거로, 정죄가 아니라 제안으로, 분열이 아니라 회복으로.

예수님은 강한 진리를 말씀하셨지만, 언제나 사람을 살리기 위한 방식으로 표현하셨다.

기독 청년은 그리스도의 마음으로, 하나님의 정의와 사랑을 세상의 언어로 번역해 낼 수 있어야 한다.

SNS 실천 전략: 디지털 정치 참여의 다섯 가지 길

SNS 상에서의 실천 방안으로 다음과 같은 것들이 있다.

첫째, 공유. 믿음 있는 콘텐츠를 찾아 함께 나누자. 좋은 글, 좋은 영상, 좋은 통찰은 퍼질수록 힘을 갖는다.

둘째, 댓글. 단순한 응원이 아니라, 의연하고 분명한 한 줄의 의견이 전체 담론을 바꿀 수 있다.

셋째, 기고. 지역신문, 청년언론, 교회웹진 등에 글을 써보자. 디지털 세상은 '쓰기'의 공간이기도 하다.

넷째, 기획. 짧은 카드뉴스, 짧은 영상, 작은 토론회 등 직접 콘텐츠를 기획하고 만들 수 있다.

다섯째, 기도와 연결. 디지털은 혼자 하는 공간 같지만, 같은 마음을 가진 이들과 네트워크를 이루면 더 큰 파장을 만들어낼 수 있다.

교회는 청년을 디지털 공론장의 사도로 세워야 한다

기독 청년은 이미 SNS에서 살고 있다. 문제는 신앙 없이 살고 있다는 것이다.

교회는 그들을 책망하기보다는 바로 그 공간에서 빛이 되도록 도와주어야 한다.

청년부 안에서 이슈 토론을 열고, SNS 콘텐츠 제작을 교육하며, 정치 이슈에 대해 신앙적으로 접근하는 워크숍을 열고, 온라인 공간에서 기도모임과 발언 캠페인을 펼칠 수 있도록 플랫폼을 지원해야 한다.

교회는 이제 청년을 예배당 안에만 가두어 두지 말고, 디지털 광장으로 보낼 수 있어야 한다.

거기서 그들은 복음을 다시 '말'로 번역하고, 하나님 나라를 디지털 공간 속에서 선포할 수 있다.

스마트폰을 든 선교사

기독 청년은 하나님의 진리를 디지털 세계의 언어로 말할 줄 아는 스마트폰을 든 선교사가 되어야 한다.

그들은 설교자가 아니지만, 짧은 댓글로 사람의 마음을 열 수 있다.

그들은 정치인이 아니지만, 콘텐츠 하나로 도시의 방향을 바꿀 수도 있다.

그들은 유명인은 아니지만, 복음의 정신을 전하는 작은 파동을 일으키는 사람들이다.

디지털 공론장은 복음이 살아야 할 또 하나의 강단이다.

청년들이 그 강단에 서게 하라. 그리고 그들이 복음으로 말하게 하라.

그들의 말이 도시를 깨우고, 그들의 믿음이 여론을 바꾸며, 그들의 손이 하나님의 나라를 세상 속에 쓰게 하리라.

제5부

교회와 함께, 정치하다

(갈등을 넘어 신앙 공동체와 함께 정치하기)

24

교회는
정치에 침묵해야 하는가?

한국 사회에서 가장 민감한 말 중 하나가 '교회와 정치'다.

누군가 교회가 정치에 대해 말해야 한다고 주장하면, 금세 "교회가 왜 정치에 끼어드느냐"는 반발이 뒤따른다.

그 말에는 종종 "정치는 더러운 것이다", "교회는 거룩함을 지켜야 한다"는 인식이 담겨 있다. 그래서 교회는 흔히 정치에 침묵하는 것이 중립이고 지혜라고 여긴다.

하지만 우리는 정말로 그렇게 믿어도 괜찮은 걸까? 교회는 정치에 침묵해야 하는가?

이 질문은 단지 하나의 선택이 아니라, 교회가 누구를 위한 공동체이며, 어떤 책임을 감당해야 하는가에 대한 신학적 질문이다.

이 장에서는 그 물음 앞에 성경과 역사, 현실과 책임을 토대로 답하고자 한다.

'정치는 더럽다'는 인식은 어디서 왔을까?

많은 교회들이 정치에 대해 침묵하거나, 때로 아예 외면해버리는 이유는 무엇일까?

그 뿌리는 오랜 시간 한국 교회 안에 형성된 이원론적 신앙 이해에 있다. 즉, '영적인 것'과 '세속적인 것'을 철저히 분리하는 태도다.

예배, 기도, 찬양, 말씀은 거룩한 것이고, 정치, 경제, 문화, 법은 오염된 세상의 영역이므로 거기에 개입하는 것은 신앙을 더럽히는 것처럼 여겨졌다. 하지만 이 인식은 성경적이지 않다.

성경은 하나님께서 세상을 창조하셨고, 그분의 통치가 인간 사회의 모든 구조 속에서 이루어져야 한다고 말한다.

하나님은 거룩한 성전뿐 아니라, 공정한 재판정, 정직한 저울, 사회적 약자를 배려하는 법률도 그분의 뜻 안에 포함된 영역이라고 말씀하신다. "여호와께서 정의를 사랑하시고 그의 성도를 버리지 아니하심이로다 그들은 영원히 보호를 받으나 악인의 자손은 끊어지리로다"(시 37:28).

침묵은 중립이 아니라 책임 회피일 수 있다

교회가 정치적 발언을 자제해야 한다는 논리는 외형상 중립처럼 보이지만, 실제로는 부당한 구조와 불의를 묵인하는 도구가 되기도 한다.

예를 들어, 어떤 도시의 예산이 취약계층을 외면하고, 특정 단체나 권력 집단에게 편중되어 있다고 하자. 이 문제에 대해 교회가 아무 말도 하지 않는다면 그 침묵은 사실상 불공정에 대한 동의로 작용할 수 있다.

침묵은 늘 중립이 아니다.

현실의 힘은 말하는 자에게 집중되기 때문에, 말하지 않는 자는 그 힘의 흐름을 견제하거나 교정할 기회를 잃게 된다.

예수님은 권력자와 성전 지도자들, 바리새인들의 위선과 부정을 단호히 비판하셨다.

그분은 말하지 않으셨기 때문에 십자가에 달린 것이 아니라, 침묵하지 않으셨기 때문에 십자가에 달리신 분이다.

성경은 '공적인 책임'을 요구한다

구약에서 선지자들은 정치 권력과 결탁하지 않았다. 그러나 정치에 침묵하지도 않았다.

그들은 하나님의 정의를 선포했고, 왕들에게 바른 판단을 요구했으며, 약자의 고통을 외면하는 통치자를 향해 책망의 소리를 냈다. "여호와께서 이와 같이 말씀하시되 너희가 정의와 공의를 행하여 탈취 당한 자를 압박하는 자의 손에서 건지고 이방인과 고아와 과부를 압제하거나 학대하지 말며 이 곳에서 무죄한 피를 흘리지 말라"(렘 22:3).

신약에서도 사도 바울은 로마 시민권자로서 자신의 법적 권리를 행사했고, 당시 권력 구조 안에서 복음이 어떻게 살아야 하는지를 분별하며 움직였다.

이처럼 하나님의 백성은 개인의 신앙뿐 아니라, 공동체 전체의 질서와 정의를 위한 책임도 함께 부여받는다.

교회가 정치적 발언을 해야 할 때는 언제인가?

물론 교회는 정당 정치에 함부로 개입해서는 안 된다. 정치 권력을 좇거나, 특정 후보에 대한 노골적인 지지를 유도하거나, 설교단을 선거 유세장처럼 사용하는 것은 교회의 본질을 훼손한다.

그러나 그럼에도 불구하고, 교회가 침묵할 수 없는 순간들이 있다.

생명을 경시하는 정책이 제도화될 때, 소수자와 약자가 반복적으로 배제될 때, 불의가 당연시되고, 거짓이 시스템이 될 때, 정책 결정 구조 안에서 하나님의 뜻이 배제될 때, 그때 교회는 단순한 항의가 아니라, 말씀과 기도에 근거한 분별력 있는 발언을 해야 한다.

정치적 침묵은 다음 세대에 신앙적 유산을 물려줄 수 없다

다음 세대는 교회가 세상 속에서 어떤 목소리를 내고 있는지 지켜본다.

예배당 안에서만 거룩한 말을 하는 공동체가 세상 속의 불의에 대해 한마디도 하지 않는다면, 청년들은 묻는다.

"이 신앙은 진짜인가요?"

신앙은 설교로만 전해지지 않는다.

삶과 행동, 그리고 공적인 목소리로 함께 전해져야 한다.

청년들은 교회의 정치적 중립성보다, 정치적 진실성과 일관성을 보고 싶어 한다.

그들은 교회가 세상 속에서 무엇을 침묵했고, 무엇을 말했는지를 기억할 것이다.

교회는 정치화되어서는 안 되지만, 정치에 침묵해서도 안 된다

교회가 정치화되면 신앙은 이념화되고, 복음은 정당의 수단으로 전락해 버린다.

그러나 동시에, 정치에 대해 아무 말도 하지 않는 교회는 하나님의 공의를 말할 자격을 잃는다.

이 둘 사이의 균형은 결코 쉽지 않다. 하지만 신앙은 언제나 긴장 속에서 자란다.

교회는 진영 논리에서 벗어나야 하며, 정당보다 가치에 충실해야 하고, 혐오보다 생명을, 선동보다 분별을, 권력보다 섬김을 따라야만 한다.

이 기준이 지켜진다면, 교회는 정치에 침묵하지 않되, 정치에 오염되지 않을 수 있다.

침묵은 지혜가 아니라 회피일 수 있다

"교회는 정치에 침묵해야 하는가?"

그 질문에 이제 우리는 이렇게 말할 수 있다.

"침묵해야 할 때도 있지만, 결코 침묵해서는 안 될 때도 있다."

하나님은 이 세상의 통치자시다.

우리가 믿는 하나님은 예배당 안에만 계시지 않고, 시청의 회의실, 지역 의회, 시민들의 삶의 터전 가운데도 계신다.

그분은 지금도 우리에게 묻고 계신다.

"누가 나를 대신해 이 시대에 말하겠느냐?"

"누가 약자와 함께 울며, 누가 불의를 지적하며, 누가 진리를 조용히 그러나 분명히 전하겠느냐?"

그 물음에 침묵으로 대답해서는 안 된다.

이제 교회는 말해야 한다.

하나님 나라의 시선으로, 정의와 회복의 언어로, 그리고 무엇보다도 사랑으로.

하나님의 백성은 개인의 신앙뿐 아니라,
공동체 전체의 질서와 정의를 위한 책임도 함께 부여받는다.
교회는 진영 논리에서 벗어나야 하며,
정당보다 가치에 충실해야 하고, 혐오보다 생명을,
선동보다 분별을, 권력보다 섬김을 따라야만 한다.
이 기준이 지켜진다면,
교회는 정치에 침묵하지 않되, 정치에 오염되지 않을 수 있다.

25

교회가
정치에 목소리를 낼 수 있는 지점들

"교회는 정치적 발언을 해도 됩니까?"

이 질문은 교회 내에서조차 쉽게 답하기 어려운 주제다. 어떤 이들은 교회가 공공 사안에 대해서 말하는 것 자체를 부담스러워하고, 어떤 이들은 침묵하는 교회를 비겁하다고 비판한다.

하지만 양극단 사이에서 우리는 이렇게 질문해야 한다. "그렇다면 교회는 어디에서, 어떻게 정치에 대해 말할 수 있는가?"

정치는 모든 사람의 삶을 바꾸는 공공질서다. 그러므로 교회가 그에 대해 발언하는 것은 단지 '정치 개입'이 아니라, '공동체의 고통과 정의에 대한 영적 책임'으로 이해되어야 한다.

교회는 진영을 대변하기 위한 기관이 아니다. 그러나 하나님의 정의와 생명을 위협하는 문제 앞에서 교회가 할 수 있는 말은 분명히 있다.

이 장에서는 바로 그런 '목소리 낼 수 있는 지점들'을 구체적으로 짚어보자.

생명을 경시하는 법과 정책 앞에서

교회는 '생명'을 가장 핵심적인 신앙 가치로 여긴다. 그 생명이 경제적 이유로, 정치적 계산으로, 혹은 사회적 통념에 의해 무가치하게 여겨질 때, 교회는 침묵할 수 없다.

예를 들어, 낙태 관련 입법, 연명치료 중단 정책, 노인·장애인 생계비 축소, 아동보호 사각지대의 방치 등 이런 문제들은 단지 의료나 복지의 영역을 넘어서 "한 생명이 얼마나 존귀한가"에 대한 사회적 신학 고백의 장이다.

이럴 때 교회는 비난이 아닌 제안의 언어로, 감정이 아닌 진리의 관점에서 정책의 방향을 묻고, 대안을 말해야 한다.

사회적 약자가 제도적으로 배제될 때

하나님은 늘 '고아와 과부, 나그네와 이방인'을 기억하라고 하셨다.

이는 사회의 약자, 제도 밖의 사람들, 소외된 이들에 대한 하나님의 특별한 마음을 보여주는 것이다.

오늘날에도 청년 실업과 주거 불안, 농어촌과 장애인의 권리 침해, 이주민 노동자의 차별, 미등록 아동의 교육 배제 등은 정책과 법이 외면한 사람들의 삶이 어떻게 방치되고 있는지를 드러낸다.

교회는 이들을 위한 법이 없을 때, 이들의 존재가 정책 논의에서 사라질 때 공공의 자리에서 목소리를 낼 수 있다.

단지 시혜와 구제가 아니라, 존재의 존엄에 대한 성경적 근거로, 정의로운 질서의 회복이라는 복음의 명령으로 말할 수 있다.

가정과 교육의 본질이 훼손될 때

가정과 교육은 하나님이 사람에게 주신 첫 번째 공동체 질서다.

창세기에서부터 부모와 자녀, 배우자 간의 사랑과 책임, 세대를 이어가는 신앙 교육이 강조되었다.

그러나 오늘날, 정치적 이념이나 특정 사회적 흐름이 가정의 자율성과 교육의 가치 기준을 일방적으로 뒤흔드는 상황이 발생하고 있다.

예를 들어, 성에 대한 급진적 교육 방향, 가정 해체를 유도하는 조례안, 부모의 동의 없는 성 정체성 교육, 교사의 양심을 억압하는 정책, 이런 현상들은 단순한 이슈가 아니라, 하나님이 창조하신 질서에 대한 도전이 될 수 있다.

교회는 이때, 이념 대결이 아니라 하나님의 창조 질서와 자녀 양육에 대한 책임을 들고 공공 담론에 참여해야 한다.

진실이 왜곡되고 거짓이 제도화될 때

거짓이 공공 정책 안에서 진실처럼 유통되고, 사실이 왜곡되어 여론을 움직이고, 권력에 의해 정보가 감춰질 때 교회는 침묵할 수 없다.

"너는 말 못하는 자와 모든 고독한 자의 송사를 위하여 입을 열지니라"(잠 31:8).

교회는 진리의 공동체다.

따라서 진실이 무시당하는 시대일수록 사실을 드러내고, 의심을 제기하며, 거짓을 분별하는 역할을 감당해야 한다.

정확한 정보에 기반한 기도, 불의에 대한 선한 분노, 그리고 정중한 공적 제안은 교회의 중요한 목소리 방식이 될 수 있다.

제도와 법이 하나님 나라의 방향과 어긋날 때

법과 제도는 인간 사회를 지탱하는 최소한의 질서다.

하지만 그 법이 하나님이 말씀하신 정의와 선의 방향과 다르게 작동할 때, 교회는 공적인 선을 기준으로 말할 수 있어야 한다.

예를 들어, 공산주의적 체제나 전체주의적 통제의 위험, 종교 자유를 침해하는 법적 해석, 교회 공간의 사용에 대한 불합리한 규제 등은 신앙과 직결되는 문제로 볼 수 있다.

이때 교회는 이기적으로 말하지 말고, 공동체 전체를 위한 자유와 질서, 공공성과 종교의 조화라는 관점으로 건강한 담론을 형성할 수 있다.

정치적 개입이 아니라, 신앙적 증언이어야 한다

교회가 정치적 사안에 대해 목소리를 낼 때 항상 염두에 두어야 할 것이 있다.

'우리는 이슈를 말하는 것이 아니라, 복음을 말해야 한다'는 것이다.

즉, 어떤 정당을 위해서가 아니라, 하나님 나라의 가치가 훼손되는 것을 바로잡기 위해, 권력 투쟁이 아니라 공동체의 회복을 위해 교회는 말할 수 있어야 하고, 말할 때 신중해야 하며, 말함으로써 더 큰 책임을 질 수 있어야 한다.

교회의 말은 하나님의 마음을 닮아야 한다

말하지 않는 교회는 기도도 약해진다.

기도는 "뜻이 하늘에서 이루어진 것 같이 땅에서도 이루어지이다"라고 고백하지만, 정작 이 땅에서 이루어지는 불의와 혼란에 대해 아무 말도 하지 않는다면 그 기도는 뿌리내리기 어렵다.

교회가 말할 수 있는 지점은 정치적 이득이나 정당의 승리를 위한 곳이 아니라, 하나님 나라의 질서가 무너질 때, 생명이 위협받고 정의가 외면당할 때, 공동체의 회복이 필요한 자리에 있다.

그 자리에서, 교회는 조용하지만 단호하게, 사랑으로 그러나 분명하게 하나님의 뜻을 드러내는 '거룩한 발언자'가 되어야 한다.

26

지역 교회 연합으로
지역을 섬기다

기독교는 태생부터 공동체의 종교였다.

예수님은 제자들을 따로따로 부르시지 않고 함께 부르셨으며, 사도행전의 교회는 '믿는 무리가 한마음과 한뜻이 되어'(행 4:32) 기도하고 나누고, 섬기고 고백했다.

그리고 이 공동체는 단지 내부의 은혜에 만족하지 않고, 도시 전체에 선한 영향력을 끼치는 존재로 자라났다.

오늘날 한국 사회와 지역 정치의 현실은 이와 대조적이다. 교회는 많지만 서로간의 벽은 높기만 하다.

복음을 말하면서도 연합을 말하지 않고, 공공을 강조하면서도 협력은 꺼린다.

그러는 사이에 교회의 사회적 신뢰는 약해지고, 지역 사회 내에서 교회의 존재감도 점점 줄어든다.

이 장에서는 '하나의 교회가 아닌, 지역 교회들의 연합'이 어떻게 지역 정치와 행정, 공공 영역을 섬기는 실제적인 힘이 될 수 있는지를 살펴보자.

하나님은 하나 됨을 기뻐하신다

성경은 교회의 본질을 '한 몸'이라고 표현한다. "우리가 유대인이나 헬라인이나 종이나 자유인이나 다 한 성령으로 세례를 받아 한 몸이 되었고 …"(고전 12:13).

이 말씀은 교회가 단지 예배 장소만 다른 복수의 기관이 아니라, 본질적으로 하나의 몸을 이룬 존재임을 뜻한다.

그리고 이 하나 됨은 예배 안에서만이 아니라, 섬김과 사명에서도 실현되어야 한다.

연합은 선택이 아니라 정체성이다.

따라서 한 지역에 복음을 전하는 여러 교회가 지역의 문제 앞에서 연합하지 않는다면, 그 교회들은 사실상 '교회다움'을 잃고 있는 것이다.

왜 연합이 필요한가? 단독 교회의 한계

지역 사회의 문제는 대개 크고 복합적이다.

청년 실업, 노인 돌봄, 다문화 가정 갈등, 지역 예산 배분 문제, 정치권력과 행정의 유착 등. 이런 일들은 한 교회가 감당하기에는 너무 크고, 지속적인 구조적 대응이 필요하다.

이럴 때 교회들의 연합은 단순한 협력 이상으로, 지역 사회에 대한 책임의식의 표출이 된다.

한 교회의 영향력은 제한되지만, 10개, 50개 교회가 한마음으로 말하고 행동할 때 지역 사회는 교회의 존재를 새롭게 인식하게 된다.

연합은 메시지를 선명하게 만들고, 섬김을 지속 가능하게 하며, 복음의 공공성과 설득력을 높여 준다.

연합은 어떻게 가능한가? 가능한 사례와 방식

연합은 구호나 선언으로 이루어지지 않는다. 현장에서는 매우 구체적이고 실천적인 방식으로 진행될 수 있다.

사례 ① 지역 교회 연합으로 공공 기도회 개최

도시별로 지역 교회들이 연합하여 시청 앞 광장에서 '도시를 위한 연합 기도회'를 열 수 있다. 매달 또는 분기별로 한 번씩 등 형편에 따라 할 수 있다. 이러한 기도회는 단순한 예배가 아니라, 정치와 시민이 공존하는 공간에서 하나님의 뜻을 구하는 공적 신앙의 실천이다.

사례 ② 교육정책 대응을 위한 교단 연합 포럼

지역 사회의 여러 교회와 기독교인들이 교단을 넘어 청소년 교육 관련 조례와 정책에 대응하기 위해 '지역 교회 교육정책 협의회' 같은 것을 구성하거나 포럼을 운영할 수 있다. 조례안 분석, 시민토론회 개최, 대안 제안, 시의원 면담 등 다양한 활동을 통해 신앙 기반의 가치와 공공성을 함께 지켜나갈 수 있다.

사례 ③ 교회 연합으로 사회적 돌봄 수행

지자체별로 여러 교회가 협력하여 다문화 가정의 자녀 교육과 상담, 법률 자문 등을 공동으로 운영할 수 있다. 지자체와 MOU를 체결하고, 공공 기관이 감당하기 어려운 사각지대를 섬기며 교회가 행정 파트너로 인정받는 경우도 있다.

이 외에도 다양한 현안을 다루기 위해 교회들이 연합하여 지역 사회에 의미있는 기여를 할 수 있다.

연합의 원칙: 무엇을 중심에 둘 것인가?

연합은 쉽지 않다. 교단 차이, 신학적 해석의 차이, 담임목회자의 리더십 스타일 등 수많은 장애물이 있다.

그러나 연합의 중심을 복음의 본질과 지역의 공공선으로 두면, 다양함은 문제가 아니라 오히려 강점이 된다.

교회가 서로의 색깔을 지우려 하지 않고, 공공 영역에서 협력을 중심으로 사명을 나눈다면 '하나의 목소리'로서 지역 사회에 다가갈 수 있다.

연합은 일치를 강요하는 것이 아니라, 공공의 책임을 나누는 믿음의 동맹이다.

교회 연합이 정치에 미치는 실제 영향력

연합된 교회의 움직임은 정치권과 행정에 강력한 메시지를 준다.

단일 교회가 발송한 의견서는 '청원'이지만, 50개 교회가 함께 보낸 문서는 '지역 민심의 집단적 발언'으로 간주된다.

한 교회가 개최한 공청회는 종교적 행위일 수 있지만, 연합 교회가 개최한 토론회는 '시민단체 수준의 담론 행사'가 된다.

교회가 연합할수록 그 목소리는 더 정중하지만 단호하게 들리고, 제안은 더 종교를 넘어 지역 공동체의 설득력 있는 제안으로 힘을 얻는다.

교회 연합은 단기 캠페인이 아니라, 장기적 문화 형성과 시스템 구축이어야 한다.

청년부 연합 정치 교육 포럼, 교회 연합 청소년 정책 토론대회, 기독 정치인 및 전문가 초청 강연, 정기적 지역 현안 기도회, 연합 네트워크 전담자 운영 등, 이런 움직임은 청년 세대와 다음 세대에게 '개별 교회 중심'이 아닌 '지역 교회 공동체'라는 정체성을 심어줄 수 있다.

하나됨은 복음의 능력이다

오늘날 교회는 수많은 위기를 마주하고 있다.

세상의 불신, 정치적 긴장, 공공 영역에서의 영향력 약화 등이다.

그 가운데 교회가 살아 있는 공동체임을 드러낼 수 있는 길은 바로 '연합'이라는 복음의 힘을 회복하는 것이다.

우리가 하나 되어 지역의 상처에 함께 반응하고, 정의가 무너진 곳에서 함께 일어서며, 공공의 회복을 위한 정책에 함께 말할 수 있다면 도시는 교회를 새롭게 보게 될 것이다.

"그들이 하나 되어 우리를 알게 하소서."

예수님의 기도는 오늘 이 땅의 지역 교회들을 향하고 있다.

그리고 그 연합은 정치 참여의 또 다른 방식이며, 하나님 나라의 아름다운 그림자다.

연합의 중심을 복음의 본질과 지역의 공공선으로 두면,
다양함은 문제가 아니라 오히려 강점이 된다.
교회가 서로의 색깔을 지우려 하지 않고,
공공 영역에서 협력을 중심으로 사명을 나눈다면
'하나의 목소리'로서 지역 사회에 다가갈 수 있다.
연합은 일치를 강요하는 것이 아니라,
공공의 책임을 나누는 믿음의 동맹이다

27

기독 네트워크와
연대의 기술

정치는 개인의 열정만으로 바뀌지 않는다.

아무리 선한 의도를 갖고 있어도, 그 의도가 정책이 되고 제도가 되려면 사람과 사람, 조직과 조직, 비전과 전략이 연결되어야 한다.

특히 신앙인의 정치 참여는 더욱 그렇다.

우리는 진영 논리에 기댈 수 없고, 자금력과 조직력에 의존하기보다는 하나님 나라의 가치와 공동체적 신뢰 속에서 움직여야 한다.

그렇다면 중요한 질문이 남는다. "어떻게 함께할 것인가?"

이 장에서는 기독 네트워크의 구성과 역할, 그리고 전략적 연대의 방법에 대해 구체적으로 살펴보자. 정치적 외로움과 한계를 넘어서기 위한 공동체 기반의 실천 방식이다.

왜 네트워크가 필요한가?

정치는 집단의 영역이다.

의견을 모으고, 정보를 공유하고, 영향력을 행사하기 위해서는 한 사람 이상의 힘, 한 단체 이상의 동력이 필요하다.

기독교인이 정치 영역에 들어설 때, 항상 느끼는 것이 있다. "같은 신앙을 가진 동지들이 필요하다."

나와 같은 관점을 가진 사람은 어디에 있는가?

나의 기도와 고민을 이해하는 공동체는 존재하는가?

내가 말하지 못하는 부분을 대신 말해줄 수 있는 동역자는 누구인가?

이 질문에 답할 수 있는 것이 바로 기독 네트워크다.

혼자는 외롭지만, 연결되면 함께 설 수 있고, 함께 나아갈 수 있다.

기독 네트워크의 세 가지 유형

기독 네트워크는 형태에 따라 여러 방식으로 구성될 수 있지만, 크게 다음 세 가지로 나누어 볼 수 있다.

첫째, 교회 간 연대 네트워크. 여러 교회가 지역 기반으로, 혹은 이슈 기반으로 함께 모인다. 목회자 중심이 될 수도 있고, 평신도 중심으로 운영되기도 한다. 예로는 지역 교회 사회참여 네트워크, 교단 연합 기도 연맹, 교육 정책 공동대응 조직 등이 있다. 이들은 현장 대응력과 신뢰 기반의 협력을 특징으로 한다.

둘째, 단체 중심 전문 네트워크. 복음과 신앙의 가치를 기반으로 운영되는 NGO, 연구소, 언론 기관 등과의 협력이다. 이들은 특정 이슈(낙태, 차별금지법, 교육, 복지 등)에 대해 정책 대응과 공공 여론 형성에 특화된 조직력을 갖고 있다. 예로는 서울기독교세계관연구원, 기독교윤리실천운동, 기독교사회책임, 샬롬나비, 기독법률가회 등이 있다. 이들과의 연대는 정책 자문, 공청회 공동개최, 논평 발표, 연대 성명 등에서 시너지를 낼 수 있다.

셋째, 청년·전문가 중심의 느슨한 네트워크. 직장인, 청년, 대학생, 전문가들이 특정한 이름 없이 느슨하게 연결되어 SNS나 온라인 커뮤니티를 통해 의견을 나누고 행동하는 방식이다. 이들은 기존 교회 구조에 속하지 않으면서도 영향력 있는 정치적 메시지와 실천을 만들어내는 유연한 네트워크다.

연대는 '함께 하는 기술'이다

'연대'는 단지 모이는 것이 아니라, 어떻게 함께할지를 결정하고 조율하는 기술이다. 다음은 효과적인 기독 연대를 위한 기본 기술들이다.

첫째, 공통의 가치 정리. 복음, 생명, 가정, 정의, 자유, 공동체. 우리가 왜 함께하는가에 대한 명확한 신앙적·윤리적 기준이 필요하다.

둘째, 역할 분담과 신뢰 형성. 어떤 단체는 정책을 분석하고, 어떤 개인은 글을 쓰며, 어떤 교회는 공간을 제공하고, 어떤 청년은 SNS 콘텐츠를 만든다. 역할은 다르되, 방향은 하나다. 이런 신뢰 속에서 연대는 단단해진다.

셋째, 소통의 지속성. 주기적 모임, 뉴스레터, 단체 채팅방, 온라인 토론. 말이 끊기면 마음도 끊긴다. 꾸준한 소통이 연대의 생명줄이다.

넷째, 갈등 관리와 조율. 연대는 불가피하게 의견 차이를 만든다. 그럴 때 성경적 원칙(겸손, 경청, 우선순위, 본질과 비본질 구분)에 따라 '갈등 속에서 머물며 함께하는 능력'을 키워야 한다.

기독 네트워크는 정치의 방향을 바꿀 수 있다

어떤 사람이 혼자 말하기는 어려울 수 없다.

그러나 기독 네트워크는 말할 수 있다. 왜냐하면 그 말은 개인의 의견이 아니라, 공동체의 증언이며, 하나님 나라의 가치 진술이기 때문이다.

지역 조례에 대응하는 공동 성명, 부당한 정책에 대한 연대 의견서 제출, 공공기관과의 면담, 언론 인터뷰 및 칼럼 게재, 시의원·시장 후보자 정책

질의서 발송, 이 모든 활동은 개인으로는 힘들지만, 네트워크와 연대를 통해 가능해지는 참여 방식이다.

연대는 정치화를 막는 장치이기도 하다

한 사람이 정치에 깊이 개입하면, 의도하지 않게 정당 중심의 흐름에 휘말릴 수 있다.

그러나 연대는 특정한 개인이 정치를 독점하지 않도록 균형을 잡아준다.

모두가 발언하고, 모두가 책임을 나누고, 모두가 신앙의 기준을 지키도록 상호 견제한다.

이런 구조 안에서 기독 정치 참여는 '이념화'가 아닌 '공동체적 증언'으로 유지될 수 있다.

연대는 하나님 나라의 방식이다

예수님은 혼자서 복음을 전하실 수도 있었다.

그러나 그분은 열두 제자를 부르셨고, 칠십 명을 보내셨으며, 성령을 기다리는 제자들을 공동체 안에서 세우셨다.

오순절 성령 강림도, 사도행전의 폭발적 부흥도 공동체적 연대 위에서 이루어졌다.

정치 참여도 마찬가지다.

하나님은 한 명의 영웅이 아니라, 함께 걸을 수 있는 신실한 무리를 통해 도시를 회복하신다.

연결될수록 강해진다

정치 참여는 결코 혼자서는 오래가기 어렵다.

생각이 맞는 동역자, 마음을 나눌 수 있는 동반자, 일을 함께하는 동지들이 있을 때 참여는 지속되고, 목소리는 분명해지고, 영향력은 실현된다.

기도는 모일 때 힘을 얻고, 정책은 검토할 때 깊어지며, 목소리는 함께 말할 때 더 멀리 퍼진다.

기독 네트워크는 바로 그런 믿음의 연대 기술이 만들어내는 하나님 나라의 연결 구조다.

혼자 걷지 말라.

손을 내밀어라.

믿음의 사람들은 지금도 연결되고 있다.

그리고 그 연결은 도시를 바꾸고, 정치를 다시 일으킨다.

정치는 개인의 열정만으로 바뀌지 않는다.
아무리 선한 의도를 갖고 있어도,
그 의도가 정책이 되고 제도가 되려면
사람과 사람, 조직과 조직, 비전과 전략이 연결되어야 한다.
특히 신앙인의 정치 참여는 더욱 그렇다.

28

말씀이 정치와 만날 때: 설교, 소그룹, 청년부 사역에서의 적용

"말씀이 정치와 만나야 한다고요? 교회에서 정치 이야기하면 안 되는 거 아닌가요?"

많은 목회자들과 성도들이 이렇게 묻는다.

신앙과 정치를 연결하는 것은 여전히 부담스럽고, 자칫하면 설교 강단이 흔들릴까, 공동체가 분열될까 우려된다. 하지만 정말 교회는 정치를 피해가 야만 거룩함을 지킬 수 있는 것일까? 하나님의 말씀은 과연 개인 구원과 내면 성숙만을 위한 것일까?

우리는 이제 질문을 바꾸어야 한다.

"복음은 왜 정치와 연결되어야 하는가?" "하나님 나라는 오늘 우리 동네의 정책과 제도, 삶의 질서 속에서 어떻게 나타나야 하는가?"

이 장에서는 말씀과 정치가 만날 수 있는 실제적인 장들을 살펴보자.

설교와 성경공부, 청년부 사역이라는 '교회 내 실천 현장'에서 신앙과 정치가 충돌이 아닌 조화를 이룰 수 있는 방법을 고민해 보자.

하나님의 말씀은 '공적인 말씀'이다

성경은 단지 '개인 윤리 지침서'가 아니다.

오히려 성경의 중심에는 언제나 사회적 정의, 공공 질서, 약자 보호, 공동체 회복이라는 주제가 자리 잡고 있다.

출애굽기는 억압받는 민족을 해방시키는 이야기이며, 레위기와 신명기는 법과 제도 속에서 정의를 실현하려는 책이다. 아모스, 미가, 이사야는 지도자들의 불의와 백성들의 침묵을 고발한다. 예수님은 산상수훈에서 마음의 문제를 넘어 관계, 갈등, 용서, 정의, 재물, 폭력, 권력에 대해 말씀하셨다.

즉, 성경은 처음부터 공적인 말씀이며, 정치적 현실을 직면하는 말씀이었다.

따라서 오늘날 설교와 사역에서도 하나님의 말씀은 세상의 구조와 제도를 해석하고, 시민으로서의 책임과 실천을 고민하는 통로가 되어야 한다.

설교는 세상을 해석하는 창이 되어야 한다

설교는 단지 성경 본문 해석에 그치지 않는다. 말씀이 현재 우리 삶, 우리 도시, 우리 시대에 무엇을 말하고 있는지 해석하고 적용하는 과정이다.

예를 들어, 누가복음 10장의 선한 사마리아인 비유는 개인적인 착한 행동을 넘어 국가의 복지 시스템과 사회적 돌봄의 구조를 생각하게 한다.

아모스 5장의 "정의를 강처럼 흐르게 하라"는 우리의 조례와 예산, 행정의 기준이 하나님의 공의에 얼마나 가까운지를 질문한다.

요한복음 10장의 선한 목자 비유는 교회 지도자뿐 아니라 지역의 정치 지도자가 어떤 방식으로 사람들을 대하고 있는지를 비추는 거울이 된다.

이처럼 설교는 세상에 대한 하나님의 관점을 드러내는 통로이며, 성도들이 '공공 신앙인'으로 살아가도록 돕는 신앙적 여론 형성의 장이기도 하다.

소그룹은 실천을 나누는 훈련장이 되어야 한다

설교가 말씀의 해석이라면, 소그룹은 말씀의 적용을 삶으로 옮기는 공간이다.

여기서 "이번 주 말씀을 들으면서 우리 지역의 문제에 대해 어떤 생각이 들었는가?", "이 말씀은 우리가 참여하고 있는 지역 커뮤니티에 어떻게 적용될 수 있을까?" 이런 질문이 나올 수 있어야 한다.

지역의 복지 문제, 환경 문제, 청년 주거 문제 등은 교회 소그룹에서 기도와 토론의 주제가 되어야 하며, 시의회에서 논의되는 조례안이나 선거 후보들의 정책 비교도 소그룹에서 함께 나누고 판단해 볼 수 있다.

이렇게 할 때, 소그룹은 단지 교제의 장을 넘어서 성도들이 공공 문제에 신앙의 시선으로 참여하도록 돕는 실천의 플랫폼이 된다.

청년부 사역은 사회 참여의 통로가 되어야 한다

청년들은 이미 세상의 문제를 알고 있다. SNS와 유튜브, 학교와 직장에서 각종 정치적·사회적 이슈를 매일 접하고 있다.

문제는 교회가 그것에 대해 아무 말도 하지 않는다는 것이다.

청년들은 질문한다.

"차별 금지법은 왜 나쁜 건가요?"

"정치는 왜 항상 싸우는 것처럼 보이죠?"

"중국인들의 한국 부동산 취득을 허용해도 되나요?"

"대통령의 비상계엄 선포를 어떻게 봐야 하죠?"

"북한의 핵 개발을 수수방관할 수 밖에 없나요?"

"내가 기독 청년으로 뭘 할 수 있나요?"

이러한 질문에 침묵하는 청년부는 복음의 현실성이 사라지는 공동체가 된다. 하지만 질문을 수용하고, 말씀의 관점에서 함께 고민하고, 실천의 방향을 함께 찾는 청년부는 디지털 시대의 바나바 공동체가 된다.

구체적인 실천 방안: 교회 내 정치 적용의 세 가지 모델

첫째, 주제별 설교 시리즈를 준비할 수 있다. '하나님 나라와 정치', '성경으로 읽는 시민의 책임', '청년과 공공선', '복음과 조례' 등 정기적인 시리즈 설교를 통해 신자들이 정치에 대한 신앙적 관점을 정립할 수 있는 기회를 마련할 수 있다.

둘째, 사역부서 연계 포럼 및 강좌를 기획할 수 있다. 청년부, 장년부, 여전도회 등 각 부서별로 사회 이슈에 대한 신앙적 성찰 강의, 정책 설명회, 의회 초청 간담회 등을 열 수 있다. 이런 과정을 통해 신자들은 이슈를 피하지 않고 마주하며 기도하는 법을 배우게 된다.

셋째, 교회 주보나 소식지, 게시판을 활용하여 정보를 공유할 수 있다. 지역 정치 소식, 조례 변화, 공청회 일정 등을 교회 주보나 SNS, 뉴스레터에 함께 안내하면 교회 전체가 공공 이슈를 기도와 관심의 영역 안에 들일 수 있다.

설교와 정치의 만남이 조심스러울 때 기억할 것

정치 이슈는 언제나 갈등을 동반한다.

따라서 교회 안에서 다루는 것이 불편하게 느껴질 수 있다.

하지만 그럴수록 다음 기준이 중요하다.

첫째, 정당이 아니라 가치에 집중할 것.

둘째, 비판보다 대안을 강조할 것.

셋째, 말씀이 기준이 되도록 할 것.

넷째, 사랑과 겸손으로 표현할 것.

이런 기준을 지킬 때, 교회는 정치화되지 않고도 정치적 책임을 다하는 공동체가 될 수 있다.

말씀은 세상 속으로 걸어 들어가야 한다

예수님은 제자들에게 "너희는 세상의 빛이라"고 하셨다.

이 말은 예배당 안에서만 밝게 빛나라는 말이 아니다.

말씀이 도시의 골목, 회의실, 조례안, SNS 속으로 들어가야 한다.

설교는 그 길을 여는 첫 걸음이고, 소그룹은 함께 걷는 동행이고, 청년 사역은 미래의 지도자를 세우는 훈련장이다.

말씀이 세상과 만나는 그 접점에서, 우리는 기도만이 아니라 하나님 나라의 질서를 이 땅에 세우는 작은 목소리, 작은 행동을 시작할 수 있다.

말씀은 머물지 않는다. 걸어간다.

그리고 세상을 바꾼다.

그 길에 우리가 함께 걷기를 원하신다.

제6부

가치의 충돌에
믿음으로 대응하기
(민감한 이슈 속 신앙인의 태도와 전략)

29

동성애와 차별 금지법,
사랑과 진리의 긴장

한국 사회에서 '동성애'라는 주제를 꺼내는 순간 분위기는 무거워지고, 말하기는 조심스러워진다.

특히 기독교인에게 이 문제는 더욱 복잡하다.

성경적 입장을 지켜야 한다는 부담, 사랑과 공감의 태도를 가져야 한다는 책임, 그리고 사회적 비판에 대한 두려움이 교차하기 때문이다.

더욱이 차별 금지법이 입법 화두로 부상하면서, 교회와 기독 단체들은 표현의 자유와 종교의 자유, 도덕 기준의 혼란이라는 복합적 이슈 속에서 방황하고 있다.

이번 장에서는 '동성애'나 '차별 금지법' 자체의 법리적 쟁점에만 집중하지 않는다.

오히려 이 주제를 통해 신자가 사회의 복잡한 가치 충돌 앞에서 어떻게 '사랑과 진리'를 함께 붙들고 말할 수 있는지를 탐색하는 데 초점을 둔다.

이슈를 넘어 사람을 먼저 보라

기독교는 죄를 미워하되 죄인을 사랑하라는 복음의 명령을 붙든다.

그렇다면 우리는 동성애라는 주제를 말할 때, 그 '논쟁' 속에 갇히기보다 먼저 '사람'을 바라볼 수 있어야 한다.

동성애자라는 이유로 조롱당하고 폭력을 경험한 사람, 자신의 성정체성 때문에 가족과 단절된 채 살아가는 청소년, 교회 안에서도 받아들여지지 못해 고립감을 느끼는 이들. 우리가 어떤 입장을 갖고 있든 그들은 하나님 앞에서 존귀한 생명이며, 우리가 먼저 사랑해야 할 이웃이다.

'진리 수호'를 이유로 혐오하거나, '신앙 자유'를 빌미로 비인격적 언사를 정당화해서는 안 된다.

신자는 언제나 사람을 사람답게 대하며, 그의 고통에 귀 기울이고, 그의 존재를 존중하는 태도로 이 문제를 다루어야 한다.

성경은 무엇을 말하는가: 진리의 기준

사랑이 모든 것이라 말할 수는 없다.

신자는 사랑 안에서라도 분명한 진리의 기준을 붙들어야 한다.

성경은 인간의 성(性)과 결혼, 성적 행위에 대해 창조 질서의 관점에서 분명한 기준을 제시한다.

창세기 1-2장은 남성과 여성의 창조를 하나님이 선하게 보셨다고 선언하고, 레위기 18장, 로마서 1장, 고린도전서 6장 등은 동성 간의 성적 관계를 죄로 규정한다.

이는 단순한 문화적 배경을 넘어서 하나님의 창조 질서와 윤리에 기반한 진리 선언이다.

따라서 교회는 동성애를 죄로 말할 수 있어야 하며, 죄에 대한 회개와 구원의 복음을 선포할 책임이 있다.

하지만, 그것은 결코 정죄와 배제의 언어로 되어서는 안 된다.

복음은 늘 진리를 말하지만, 그 진리는 사랑 안에서 행해져야 하기 때문이다.

차별 금지법의 문제는 '표현의 자유'와 '신앙의 자유'에 있다

현재 대한민국에서 논의되는 차별 금지법은 겉으로는 '모든 사람을 평등하게 대하자'는 내용이지만, 그 안에는 신앙과 양심, 표현의 자유를 침해할 소지가 있는 조항들이 포함되어 있다.

예를 들어, 동성애를 죄라고 말할 경우 '혐오 표현'으로 간주되어 처벌될 가능성, 성경적 가치관에 따라 채용이나 복지 정책을 운영한 교회 · 기독 단체가 법적 소송의 대상이 되는 문제, 교회 설교에서의 성경 해석이 법적 문제로 비화될 수 있는 위험 등이 있다.

이런 우려는 단순한 보수주의의 두려움이 아니다. 이미 유럽과 북미, 호주 등에서 차별 금지법이 발효된 이후 기독교인들의 표현과 신앙의 자유가 제약된 사례가 존재한다.

그러므로 한국 교회는 이 법안을 단순히 감정적으로 거부하거나, 막연히 두려워할 것이 아니라, 구체적인 법안 내용을 분석하고, 신앙의 자유와 표현의 권리가 어떻게 보호될 수 있는지를 지속적으로 제안하고 공론화할 필요가 있다.

혐오와 사랑의 차이를 구별하라

'동성애 반대＝혐오'라고 간주하는 세상의 시선도 문제지만, 그렇다고 해서 신자가 정말로 혐오적인 방식으로 말해서는 안 된다.

조롱 조의 언어, 모욕적인 낙인, 감정적인 선동은 신자의 말이 되어서는 안 된다.

우리는 말할 수 있어야 한다. "나는 성경적 가치에 따라 동성애를 죄라고 본다. 그러나 나는 당신을 사랑하며, 당신의 인간적 존엄을 존중한다."

이런 발언은 단호하지만 무례하지 않고, 분명하지만 배타적이지 않은 복음적 태도다.

세상은 그 균형을 보지 못한다.

그러나 교회는 그 균형 안에 거할 수 있어야 한다.

신자는 어떻게 참여해야 하는가: 담론, 기도, 정책

이 주제 앞에서 기독 신자들이 할 수 있는 세 가지 실천 방향을 정리해 보자.

첫째, 담론에 참여하라. 교회 안에서, 학교 안에서, 온라인 상에서 성경에 기반한 '사랑의 언어'로 공적 대화를 시작하자. 이슈를 피하지 말고, 분명한 가치관을 정중하게 말하자.

둘째, 기도하라. 성소수자들을 위한 기도, 진리를 말하는 교회를 위한 기도, 법안을 만들고 판단하는 정치인과 공무원들을 위한 기도가 필요하다. 기도는 단지 위로가 아니라, 공공 문제에 대해 하나님과 대화하는 책임 있는 참여다.

셋째, 정책에 개입하라. 차별 금지법에 대한 의견서를 보내고, 국회 공청회에 참여하고, 교회나 단체 차원에서 대안을 제시하자. 말씀에 근거한 정책 제안은 결코 비정치적인 일이 아니다. 오히려 가장 복음적인 정치 참여가 될 수 있다.

교회는 어떤 메시지를 내야 하는가?

교회가 이 문제에 대해 말할 때 다음의 원칙이 중요하다.

"우리는 사랑의 이유로 진리를 말한다."

"우리는 모두 죄인이며, 회개와 구원이 필요하다."

"동성애는 죄이나, 동성애자는 우리의 이웃이다."

"우리는 혐오가 아닌 회복을 말한다."

"우리는 성경적 질서를 사회 안에서 제안하고, 그 질서를 따라 살기를 선택한다."

이 메시지는 세상에는 낯설게 들릴 수 있지만, 진정한 회복과 치유의 언어가 될 수 있다.

진리의 용기, 사랑의 겸손

'동성애'와 '차별 금지법'은 신앙인에게 단순한 사회 이슈가 아니다.

하나님의 말씀을 세상 속에서 어떻게 살아낼 것인가에 대한 질문이다.

말하지 않으면 세상은 교회를 오해할 것이고, 말을 잘못하면 교회는 복음을 훼손할 것이다.

그러므로 신자는 진리를 포기하지 않는 용기와, 사랑을 잃지 않는 겸손을 함께 품어야 한다.

입장은 분명하게, 태도는 따뜻하게, 복음은 전체적으로.

이 균형 안에서 우리는 '말씀이 살아 있는 공적 신앙'을 세상 속에서 증언할 수 있다.

그리스도는 은혜와 진리가 충만하신 분이셨다.

그리고 교회는, 그분의 모습을 닮아야 한다.

말씀이 세상과 만나는 그 접점에서,
우리는 기도만이 아니라
하나님 나라의 질서를 이 땅에 세우는
작은 목소리, 작은 행동을 시작할 수 있다.
말씀은 머물지 않는다. 걸어간다. 그리고 세상을 바꾼다.
그 길에 우리가 함께 걷기를 원하신다.

30

학생 인권 조례와 성교육,
다음 세대를 위한 분별력

다음 세대를 말할 때마다 한국 교회는 흔들린다.

교회학교는 줄고, 청소년 예배는 사라지고, 캠퍼스 선교는 외면받고, 젊은 세대의 교회 이탈은 가속화되고 있다.

하지만 더 심각한 문제는 다음 세대를 교회가 잃어가는 것만이 아니라, 세상이 그들을 먼저 교육하고 규정하고 있다는 점이다.

특히 최근 몇 년 사이, 교육 현장에서 일어난 변화 중 가장 큰 이슈는 '학생 인권 조례'와 '학교 성교육'의 방향성 변화다. 이 변화는 단지 교육적 조정이 아니라 문화적, 도덕적, 신학적 도전을 포함한 '가치 전쟁'의 현장이다.

이 장에서는 이 문제에 대해 기독교인이 어떤 시선으로 보고, 어떻게 분별하고, 무엇을 준비하고 실천해야 할지를 살펴보자.

학생 인권 조례란 무엇인가?

학생 인권 조례는 각 지역 교육청에서 '학생의 기본적 인권을 보호하고 보장하자'는 취지로 제정된 조례다. 서울, 경기, 광주, 전북 등 일부 시·도에서 시행 중이며, 학생의 자유와 권리를 앞세운 내용이 많다.

예를 들어, 복장 자유, 두발 자유, 체벌 금지, 표현의 자유 보장, 성적 자기결정권, 성소수자에 대한 차별 금지 등 조례의 목적 자체는 학생을 보호하기 위한 것으로 보일 수 있다.

그러나 이 조례가 시행되면서 실제로 학교 안에서 교육의 질서와 교사의 권위가 약화되고, 학생의 성 정체성과 윤리에 대한 왜곡된 시선이 제도화되고 있다는 우려가 커지고 있다.

무엇이 문제인가?

첫째, 자율성의 과잉이 공동체를 해친다. 학생 인권 조례는 '학생의 자유'를 강조하지만, 그 자유는 종종 공동체의 질서, 교육의 책임, 교사의 권위를 무너뜨린다. 모든 권리는 책임과 균형이 필요한데, 조례는 학생의 권리만 강조하고, 그 책임과 결과에 대한 교육은 부재한 채 시행되고 있다.

둘째, 성적 자기결정권의 무비판적 수용 문제가 심각하다. 조례는 성 정체성, 성 표현, 성적 지향을 학생의 자유로 인정한다. 이는 사실상 동성애, 양성애, 젠더 정체성 전환 등을 비판 없이 학교에서 인정하고 보호해야 한다는 방향으로 이어진다. 이로 인해 성경적 가치에 따라 학생을 지도하려는 교사나 기독 동아리 활동은 위축되고, 신앙의 자유보다 조례의 '포괄적 가치 수용'이 우선시되는 결과가 나타난다.

셋째, 부모의 교육권을 침해한다. 학교 성교육이나 인권 교육에서 성경적 가치와 상충되는 내용이 부모의 동의 없이 진행되는 경우가 빈번하다. 이는 헌법이 보장한 부모의 자녀 교육권과 충돌하며, 가정과 학교의 협력 관계가 아닌 일방적 개입 구조를 만든다.

학교 성교육, 무엇이 문제인가?

현재 한국의 학교 성교육은 과학적 정보 전달과 성적 자기결정권 중심의 교육으로 구성되어 있다. 그러나 실제 현장에서는 다음과 같은 문제점이 드러난다.

- 성행위를 기술적으로 설명하는 교재나 강의
- 피임법과 성적 쾌락 중심의 시청각 자료
- 생물학적 성을 부정하고, 사회적 성(gender)의 다양성만 강조
- 동성애·양성애·트랜스젠더 등에 대한 비판 금지 교육

이런 흐름 속에서 청소년들은 성을 '경험'의 대상으로만 인식하거나, 윤리적 분별 없이 선택할 수 있는 영역으로 오해하게 된다.

기독 부모와 교사, 신자 청소년들은 이 상황 앞에서 심각한 정체성 혼란과 신앙적 갈등을 경험하게 된다.

다음 세대를 위한 분별력은 어떻게 길러야 하는가?

첫째, 신학적으로 바로 서야 한다. 인간의 성은 창조 질서의 일부이며, 하나님은 남성과 여성을 다르게 창조하셨다. 성은 결혼 안에서 하나됨과 생명의 통로로 주어진 것이다. 따라서 이 기본 질서를 흔드는 사상에 대해 성경의 진리로 분별할 수 있는 눈이 필요하다.

둘째, 지식보다 지혜가 필요하다. 세상은 정보로 무장하고 있으나, 신자는 지식의 바다에서 길을 찾는 '신앙의 나침반'을 갖추어야 한다. 단순히 '이건 나쁘다'는 식의 금지보다는 왜 그것이 하나님 앞에서 어그러졌는지, 그로 인해 어떤 문제가 생기는지를 스스로 깨닫도록 돕는 방식이 필요하다.

셋째, 공격이 아닌 이해의 언어로 말하라. 신자는 다음 세대에게 '금지'와 '비판'보다, 사랑과 질서 안의 자유, 책임 있는 선택의 아름다움을 가르쳐야 한다. "안 된다"가 아닌 "이것이 더 아름답다"는 언어로 가르쳐야 한다.

교회는 무엇을 할 수 있는가?

첫째, 대안적 성교육을 세워야 한다. 교회학교에서 성경적 성교육 프로그램을 운영하고, 청소년들이 겪는 고민을 실질적으로 다룰 수 있어야 한다. 청년부, 부모 대상의 가정 성윤리 세미나도 필요하다.

둘째, 기독 교사와 학부모의 네트워크를 만들 수 있다. 지역별로 기독교 교사 모임, 학부모 연합을 구성해 교육청과 학교 현장의 흐름을 파악하고 대응할 수 있어야 한다. 조례 개정에 대한 공청회 참여, 성명 발표, 의견서 제출 등 제도적 통로를 활용한 개입도 반드시 필요하다.

셋째, 교회는 다음 세대에 정치적 감각을 훈련해야 한다. 아이들이 자라서 단순히 착한 사람이 되는 것이 아니라, 시대의 흐름을 분별하고, 하나님 나라의 질서를 세울 사람으로 자랄 수 있도록 교회는 공공 신앙 교육의 장이 되어야 한다.

진리 위에 다음 세대를 세우라

오늘 우리의 아이들은 단지 공부를 배우는 것이 아니라, 세상의 가치관 속에서 존재를 형성되고 있다.

그들이 진리 없이 성장한다면 교회는 예배당만 남고, 복음은 세상에 아무 말도 하지 못하게 될 것이다.

그러므로 우리는 조례 하나에 주목해야 하고, 강의 한 시간에도 기도해야 하며, 교회학교 교안 하나에도 진심을 담아야 한다.

분별력은 다음 세대를 위한 방패이며, 하나님 나라의 다음 세대를 위한 가장 강력한 무기다.

오늘 우리가 싸우는 이 싸움은, 법안이나 조례를 넘어서 다음 세대의 영혼을 위한 싸움이며, 이 시대의 하나님 나라를 위한 싸움이다.

31

공산주의 사상과
교회의 자유

21세기 대한민국에서 '공산주의'라는 단어는 한편으로는 과거의 유물처럼 느껴지기도 하고, 다른 한편으로는 여전히 이념 갈등의 중심에 있는 민감한 주제이기도 하다.

특히 정치적으로 누군가를 비판하거나 낙인찍을 때 '종북', '친북', '좌파', '사회주의'라는 단어들이 혼용되며 논쟁의 불씨를 만든다.

하지만 이 장에서는 그런 정치적 프레임을 넘어서, 공산주의 사상이 기독교 신앙과 교회에 어떤 본질적인 위협이 되는가를 살펴보고자 한다.

이는 단순한 이념 싸움이 아니라, 신자의 신앙의 자유와 복음의 공공적 증언이 어떻게 지켜질 수 있는가에 대한 물음이기 때문이다.

공산주의는 왜 교회를 경계하는가?

공산주의는 기본적으로 무신론과 유물론을 기반으로 한다.

인간은 물질의 산물이며, 종교는 인간이 만든 허구의 산물이며, 모든 계급 차별은 자본에서 비롯되므로, 신앙 또한 자본주의 체제의 도구일 뿐이라고 본다.

칼 마르크스는 "종교는 민중의 아편"이라고 말했고, 레닌은 "종교는 과학과 혁명의 적"이라고 선언했다.

이 사상의 뿌리는 하나님의 존재 자체를 부정하고, 개인의 신앙의 자유가 아닌 집단 중심의 통제를 강조한다.

결국 공산주의 체제는 하나님을 대체하는 국가와 당의 권위를 절대화하며, 신앙은 반드시 억제되거나 사적 영역에만 제한되어야 한다는 결론에 도달하게 된다.

공산주의 체제에서 실제로 일어난 교회 탄압

이것은 단지 이론이나 철학이 아니라, 20세기 전 세계 공산주의 국가에서 실제로 일어난 현실이다.

첫째, 구(舊) 소련. 볼셰비키 혁명 이후 수십만 명의 성직자가 숙청되었고, 교회 건물은 파괴되거나 창고·공장으로 전용되었다. 성경 유통은 불법이 되었고, 기독교 교육은 전면 금지되었다.

둘째, 중국. 마오쩌둥 이후 종교는 '사상의 적'으로 간주되었고, 가정교회는 '비합법적 집회'로 처벌 대상이 되었다. 최근까지도 기독교 서적 검열, 설교 내용 통제, 예수 그림 대신 시진핑 사진을 걸게 하는 강제 정책이 이어졌다.

셋째, 북한. 북한은 세계에서 기독교 박해 지수가 가장 높은 국가다. 기독교인은 정치범 수용소로 보내지거나 처형되며, 지하 교회 외에는 실질적인 예배가 존재하지 않는다. 국가는 김일성과 김정일, 김정은을 숭배하는 '주체사상'을 사실상 종교의 대체물로 삼고 있다.

우리 사회는 공산주의 사상으로부터 자유로운가?

한국은 자유민주주의 국가이지만, 자유의 의미를 혼동하거나, 사회 정의와 평등이라는 미명 아래 공산주의적 사고가 스며들 위험은 늘 존재한다.

예를 들어, "모든 사람은 똑같아야 한다"는 주장 뒤에 숨은 결과의 평등 강박, 국가가 모든 것을 책임지는 복지국가의 과잉 확대, 시장 경제나 종교 활동을 통제하려는 흐름은 '국가주의적 통제'와 '개인 자유의 억제'라는 공산주의의 속성과 닮아 있다.

그렇다고 해서 우리가 모든 복지정책이나 사회 평등 담론을 공산주의로 오해해서는 안 된다.

하지만 이념의 외피 속에 담긴 사상적 본질을 분별하는 눈은 반드시 필요하다.

왜 신자는 경계해야 하는가?

공산주의는 단지 정치 시스템의 문제가 아니라 인간 존재에 대한 관점 자체가 하나님과 충돌한다.

인간은 하나님의 형상대로 지음 받은 존엄한 존재이나, 공산주의는 인간을 '사회적 노동력'으로만 본다.

구원은 오직 예수 그리스도로 말미암으나, 공산주의는 '계급 해방'이 구원의 대체물이다.

신앙은 양심의 자유이나, 공산주의는 종교를 '비이성적 집단행동'으로 억제한다.

그러므로 기독교 신앙은 본질상 공산주의 사상과 공존할 수 없다.

그 긴장은 단순한 정치적 대립이 아니라, 진리 대 비진리의 충돌이며, 창조주 대 피조물의 전복 시도다.

교회의 자유는 왜 지켜야 하는가?

하나님은 사람에게 자유롭게 예배하고, 믿고, 고백할 수 있는 권리를 주셨다.

이 자유는 단지 종교 행위의 권리를 넘어 인간의 존재 자체를 지키는 영적 자유다.

만약 교회가 이 자유를 포기한다면 강단은 침묵하게 되고, 진리는 통제받게 되며, 다음 세대는 왜곡된 역사와 이념 속에서 복음 대신 체제의 교리를 배울 수밖에 없게 된다.

따라서 교회는 복음을 지키기 위해, 사람을 사람답게 하기 위해, 자유 속에서 복음을 증언하기 위해 공산주의적 사고와 체제가 들어올 수 있는 통로에 대해 영적·정치적 분별력을 가지고 대응해야 한다.

신자가 할 수 있는 실천

첫째, 이념에 대한 공부와 분별. 공산주의와 사회주의, 자유민주주의에 대한 기본 개념을 알고 단순한 감정적 반응이 아니라 신앙에 입각한 비판적 사고를 갖춰야 한다.

둘째, 정책 감시와 참여. 국가의 정책이나 법이 개인의 신앙과 자유를 제약하는 방향으로 갈 경우 성명, 의견서, 공청회 참여, 기도운동 등으로 대응해야 한다.

셋째, 설교와 교육의 각성. 교회 강단에서 자유와 책임, 창조 질서, 인간 존엄에 대해 신학적으로 설교하고 가르치는 일이 회복되어야 한다.

넷째, 북한과 중국, 공산권 기독교인을 위한 중보기도와 연대. 억압 속에서도 믿음을 지키는 이들을 위한 기도와 후원, 연대 활동을 지속하며 복음의 보편성과 자유의 소중함을 다음 세대에 물려주어야 한다.

자유는 지켜야 할 신앙의 선물이다

공산주의는 단지 하나의 체제가 아니다.

하나님 없는 세상 질서를 만들려는 시도이며, 교회 없는 공공 공간을 만들려는 시도다.

우리는 말해야 한다.

"하나님은 존재하시며, 인간은 그분의 형상으로 자유롭게 예배할 권리가 있다."

이 진리를 위해, 오늘 우리는 깨어 있어야 한다.

복음은 자유를 통해 전해지며, 교회는 자유 안에서 자라고, 진리는 자유로운 영혼 속에서 뿌리를 내린다.

자유는 하나님이 주신 선물이고, 우리가 지켜야 할 믿음의 울타리다.

믿음은 단지 '교회 안에서의 삶'만을 의미하지 않는다.
믿음은 세상 속에서 살아가는 태도와 선택,
가치관과 실천을 모두 포괄한다.
예배당 문을 나서는 순간,
우리는 세상 속에서 하나님의 사람으로 살아야 하며,
그것은 정치라는 영역도 예외일 수 없다.

32

믿음의 언어로
대립하지 않고 설득하기

"말은 곧 칼이다."

오늘날 한국 사회에서 이 말은 더 이상 과장이 아니다.

댓글 하나, 짧은 영상 하나, 강연 한마디가 사람을 찌르고, 공동체를 갈라놓고, 누군가를 무너뜨린다.

정치, 종교, 성, 이념, 환경, 경제, 모든 주제가 감정과 대결의 언어로 소비되는 세상에서 이견은 곧 적대가 되고, 다름은 배척의 이유가 된다.

그렇다면, 이 혼란스러운 시대에 기독교인은 무엇을 어떻게 말할 것인가?

정치적 참여, 공공 발언, 정책 제안, 사회 비판 등. 신자의 말은 진리의 선포이기도 하지만, 그 동시에 세상을 설득하는 사랑의 언어여야 한다.

이 장에서는 "우리는 무엇을 말해야 하며, 어떻게 말해야 하며, 왜 그렇게 말해야 하는가"에 대한 복음적 대답을 찾아보자.

진리를 말하되, 사랑 안에서 말하라

사도 바울은 에베소서 4장에서 교회를 향해 이렇게 권면한다. "오직 사랑 안에서 참된 것을 하여 범사에 그에게까지 자랄지라"(엡 4:15).

이 구절은 '진리를 말하되, 사랑으로 말하라'는 복음적 언어의 원칙이다.

진리를 말하는 것만으로는 충분하지 않다.

그 진리가 사람을 살리도록 말해야 하며, 그 말이 듣는 이의 마음을 열 수 있어야 한다.

기독교는 '옳은 말'로 세상을 바꾸지 않았다.

기독교는 '살리는 말', '회복시키는 말'로 사람을 변화시켰다.

그 말은 때로 단호했지만, 결코 비난과 조롱, 혐오와 멸시가 아니었다.

갈등의 시대, 신자의 언어가 위험한 이유

오늘날 기독교인의 말은 때때로 세상에서 '불편한 소리'로 여겨진다.

그 이유는 단순히 우리가 '진리를 말하기 때문'만은 아니다.

진리를 '어떻게' 말하느냐에 대한 실패가 있었기 때문이다.

동성애를 말할 때 정죄의 언어로, 정치 문제를 말할 때 조롱과 냉소로, 사회적 이슈를 말할 때 지나친 공격과 감정으로, 신자들이 '진리의 무게'만 생각하고 '사랑의 방법'은 놓친 경우가 많았다.

그 결과, 우리가 아무리 맞는 말을 해도 사람들은 내용이 아니라 태도에 걸려 넘어지게 되었다.

이제는 말의 '내용'만큼이나 말의 '방식'을 훈련해야 할 때다.

신자의 언어는 설득의 언어여야 한다.

설득은 신자의 공적 소명이다

복음은 본질적으로 설득의 메시지다.

예수님은 "누구든지 나를 따르려거든…" 하고 초대하셨지, 강요하지 않으셨다.

바울 역시 고린도전서 9장 22절에서 "내가 여러 사람에게 여러 모습이 된 것은 아무쪼록 몇 사람이라도 구원하고자 함이니"라고 말하며, 문화와 언어, 상황과 맥락에 맞추어 복음을 전했다.

즉, 설득은 타협이 아니며, 말을 부드럽게 만든다는 뜻도 아니다.

설득은 "상대가 들을 수 있도록 진리를 전달하는 지혜로운 전략"이다.

오늘 우리가 사회적 이슈에 대해 무조건 "성경이 그렇다"는 말만 반복한다면 그것은 설득이 아니라 단절이다.

세상은 설득을 통해 바뀐다.

그리고 신자는 그 설득의 선봉에 서야 한다.

설득의 언어, 어떻게 가능할까?

첫째, 상대의 말을 경청하라. 설득은 말하기 전에 듣는 데서 시작된다. 상대가 왜 그런 생각을 갖게 되었는지, 그 배경과 감정, 논리의 흐름을 충분히 이해하려는 자세는 신자의 말에 신뢰와 설득력을 부여하는 출발점이 된다. "사람마다 듣기는 속히 하고 말하기는 더디 하며 성내기도 더디 하라"(약 1:19).

둘째, 논리와 감정의 균형을 갖추라. 단지 팩트만 나열하면 사람의 마음은 움직이지 않는다. 또한 감정만 호소하면 신뢰는 떨어진다. 논리와 공감의 균형, 사실과 배려의 조화가 신자의 발언을 '차갑지 않고, 흐릿하지 않게' 만들어 준다.

셋째, 질문으로 말하라. "왜 그렇게 생각하세요?" "만약 이런 상황이 된다면 어떻게 보시겠어요?" 이런 질문은 방어적 태도를 풀어주고 상대가 스스로 생각하도록 이끈다. 예수님도 자주 질문으로 말씀하셨다. "너희는 나를 누구라 하느냐?" "안식일에 선을 행하는 것이 옳으냐?" 질문은 부드럽지만, 그 안에는 가장 깊은 진리가 담겨 있었다.

넷째, 이야기로 말하라. 추상적인 논리보다 사람의 이야기, 실제의 경험이 마음을 더 크게 움직인다. 예를 들어, "차별 금지법이 위험하다"는 주장보다는 '실제로 그 법 때문에 불이익을 받은 사람들의 사례'를 통해 공감과 이해를 함께 전달할 수 있다.

실천 예시: 설득의 언어가 필요한 주제들

1. 동성애 이슈

"하나님은 사랑이시지만, 창조 질서를 따라 살아갈 때 인간은 가장 건강하게 됩니다."

"누군가의 성향을 정죄하지 않고, 더 나은 길이 있다고 제안할 수는 있습니다."

2. 학생 인권 조례와 성교육

"청소년은 아직 판단과 분별의 기준이 약하기 때문에, 오히려 보호가 필요합니다."

"자유를 가르칠 때, 책임도 함께 가르쳐야 건강한 시민이 됩니다."

3. 복지 정책과 분배 문제

"필요한 사람에게 충분히 지원해야 하지만, 모든 결과가 같아야 한다는 생각은 오히려 인간 존엄을 해칠 수 있습니다."

이런 말들은 단순한 이념적 주장보다 훨씬 강력한 설득의 언어가 된다.

교회 안에서부터 훈련하라

소그룹에서 의견이 다를 때, 청년부 안에서 사회적 주제를 나눌 때, 교회 게시판이나 SNS 대화에서, 신자들이 서로 다른 생각을 갖고 있을 때 우리는 어떻게 말하고 있는가?

설득의 언어는 먼 나라 정치 현장에서만 필요한 것이 아니다.

오늘 내 옆 사람과의 대화 속에서부터 훈련되어야 한다.

분노하지 않고 말하는 연습, 공격하지 않고 반대하는 태도, 설명하고 초대하는 발언, 이 모든 것이 복음의 언어로 살아가는 훈련이다.

말은 무기가 아니라 다리가 되어야 한다

진리를 향한 열정이 클수록, 우리는 말로 싸우기 쉽다.

하지만 예수님은 말로 싸우는 대신, 말로 회복하셨다.

사마리아 여인과의 대화, 니고데모와의 밤의 만남, 베드로의 부인 이후 다시 건넨 "네가 나를 사랑하느냐"는 질문까지, 예수님의 말은 언제나 대립보다 회복을, 단절보다 초대를 선택하는 말이었다.

오늘 우리가 사회 속에서 무엇을 말하든, 그 말이 복음의 향기이자 하나님 나라로 가는 다리가 되길 소망한다.

기독교는 '옳은 말'로 세상을 바꾸지 않았다.
기독교는 '살리는 말', '회복시키는 말'로 사람을 변화시켰다.
그 말은 때로 단호했지만,
결코 비난과 조롱, 혐오와 멸시가 아니었다.

33

기독교 가치를
법과 정책에 반영하는 법

많은 신자들이 이렇게 말한다.

"사회가 너무 변했다. 예전 같지 않다."

"우리는 왜 이렇게 아무 영향력이 없는 걸까?"

"왜 하나님 나라의 가치는 정치에 반영되지 않는 걸까?"

이 질문들 속에는 깊은 안타까움과 신앙인의 무력감이 스며 있다.

하지만 진지하게 물어야 한다. 우리는 정말 그 가치를, 법과 정책에 담기 위해 노력했는가?

하나님 나라는 단지 마음속의 나라가 아니다.

하나님 나라는 이 땅의 법과 제도, 구조와 행정 속에서 하나님의 공의와 사랑이 드러나는 방식으로 실현되어야 한다.

이 장에서는 기독교 가치가 법과 정책에 반영되기 위해 신자 개인, 교회, 기독 단체가 구체적으로 무엇을 할 수 있는지, 어떤 기준과 방식으로 접근해야 하는지를 함께 살펴보자.

법과 정책은 '신앙 없는 사람들만 만드는 것'이 아니다

많은 신자들이 법이나 제도를 세속적 산물로만 여긴다.

"정치는 더럽다" "법은 그들만의 리그다" "하나님은 인간의 법보다 위에 계신다."

물론 맞는 말이다. 하지만 동시에 위험한 회피이기도 하다.

왜냐하면, 우리가 외면한 법과 제도 속으로 하나님 없는 가치, 복음과 반대되는 윤리, 왜곡된 정의가 들어오기 때문이다.

동성혼 합법화는 시민단체가 만든 것이 아니라 '법'이 만든 것이다.

청소년 성교육의 방향은 인터넷 여론이 만든 것이 아니라 '교육청의 정책'이 만든 것이다.

법과 정책은 세상을 움직이는 제도적 복음의 장이다.

그곳에 하나님의 가치가 들어가야 세상이 뒤틀리지 않는다.

성경이 말하는 '정의'는 제도화된 사랑이다

성경은 '정의'를 추상적으로 말하지 않는다.

정의는 하나님의 성품이며, 하나님은 율법을 통해서 그 정의를 제도화하셨다.

과부와 고아를 보호하는 법, 고리대금 금지, 이방인 보호, 안식년과 희년 제도 등은 모두 하나님의 사랑을 '구조'로 표현한 제도였다.

따라서 신자는 기도만 할 것이 아니라, 적극적으로 법을 세우고 정책을 제안해야 한다.

기도와 정책은 같은 하나님 나라를 향한 두 개의 손이다.

기독교 가치가 반영될 수 있는 법과 정책 영역

첫째, 생명 존중. 낙태 방지 정책, 장애인 복지 강화, 노인 안락사 반대 입법, 자살 예방을 위한 지역 지원 확대 등은 생명 존중의 기독교 가치와 관련이 높다.

둘째, 가정과 성 윤리. 혼인제도 보호, 청소년 음란물 노출 방지 법안, 학교 내 동성애 옹호 교육 제한 등은 성 윤리를 지키며 가정을 보호하는 기독교 가치와 관련이 높다.

셋째, 종교의 자유. 교회와 신앙인의 표현의 자유 보호, 예배의 자율성과 교회재산 보호, 공공기관에서의 종교 차별 금지 등은 종교의 자유라는 기독교 가치와 관련이 높다.

넷째, 공공 윤리와 부패 방지. 공직자 재산 공개 및 이해충돌 방지 조례, 공공예산의 투명한 집행 구조 마련 등은 세상의 빛과 소금의 역할이 감당해야 하는 기독교 가치와 관련이 높다.

다섯째, 사회적 약자 보호. 한부모 가정, 미혼모 보호 지원 확대, 저소득층 아동 교육 기회 균등 정책, 노숙인과 이주민에 대한 주거 지원 확대 등은 자비와 긍휼이라는 기독교 가치와 관련이 높다.

이런 다양한 영역은 기독교 세계관이 가장 선명하게 제도에 녹아들 수 있는 지점이며, 복음이 '공적인 복지와 윤리의 틀'로 잘 실현될 수 있는 접점이다.

실제로 반영되기 위한 단계별 전략

[1단계: 이슈 리서치와 가치 분석]

어떤 법안이 발의되었는가? 해당 법안이 성경적 가치와 어떻게 부딪히는가? 수정이 필요한 조항은 어디인지 조사와 분석이 필요하다. 이를 위해 기독교 윤리 단체, 연구소, 법률가 네트워크와의 협업이 중요하다.

[2단계: 정책 제안서 작성과 전달]

객관적인 용어로 구성된 제안서를 법적 근거와 현실적 대안을 포함해 작성하고, 이를 소속 지역구 시의원·국회의원·정당 정책실에 전달한다. 이때 신앙 언어보다 공공 가치 중심의 논리로 말하는 것이 효과적이다.

[3단계: 공청회, 간담회, 토론회 참여]

지역 의회, 교육청, 시민단체가 주최하는 정책 공론장에 기독교인의 목소리로 참여해야 한다. 이것은 단순히 말하는 것에 그치지 않고, 존재를 알리고 관점을 설득하는 기회가 된다.

[4단계: 입법 및 행정 감시 활동]

시청 홈페이지, 의회 일정, 조례안 공개 정보를 열람한다. 기독 시민단체가 함께 조례 모니터링 활동을 할 수 있다. 중요한 안건은 청원, 서명운동, 언론 기고를 통해 시민사회에 알려야 한다.

[5단계: 신앙 공동체 기반의 정책 후원]

교회가 특정 법안 제정을 위한 기도운동, 교육 캠페인, 정보 제공을 주도할 수 있다. 청년부, 장년부, 중보기도부 등 다양한 부서가 지역 정책 변화에 참여하는 운동을 전개할 수 있다.

조심해야 할 점: 정당화, 정치화, 이념화

기독교 가치를 법과 정책에 반영하는 데 있어 주의해야 할 점이 있다. 특히 다음과 같은 세 가지 함정에 빠져서는 안 된다.

첫째, 정당화. 특정 정당과 무비판적인 연대를 통해 복음을 '정치 브랜드'로 전락시키는 것이다.

둘째, 정치화. 목회자나 교회가 특정 정책을 교회 안에서 강압적으로 강요하거나 이슈를 독점하는 것이다.

셋째, 이념화. 복음을 좌우의 이념 논리로 해석하여 복음의 본질을 왜곡하는 것이다.

기독교적 정책 참여는 어디까지나 '공공선과 하나님 나라의 실현'이라는 목적 아래 겸손과 분별, 사랑을 기반으로 이루어져야 한다.

말씀은 제도를 통해 뿌리내려야 한다

하나님의 말씀은 공허한 이상이 아니다.

그 말씀이 이 땅 위에 구조로 나타나야 하며, 사람을 살리는 제도로 구체화되어야 한다.

예수님은 병든 자를 고치셨을 뿐만 아니라, 사람을 낫게 하는 질서를 선포하셨다.

바울은 복음을 전하면서도 로마법에 근거하여 자신의 권리를 주장했다.

초대교회는 고아와 과부를 위한 시스템을 만들었고, 그 자체가 당시 사회의 대안 복지였고, 정치 질서였다.

오늘날 기독 신자들도 그 말씀을 품고 세상 속으로 들어가 조례 하나, 법률 하나, 정책 하나를 통해 하나님의 정의와 사랑을 제도화하는 일에 나서야 한다.

복음은 선언으로 시작되지만, 정책으로 뿌리내릴 때, 도시와 민족을 바꾼다.

제7부

다음 세대를 위한
믿음의 정치

(정치는 남의 일이 아닌 신자의 사명)

34

하나님 나라,
마을에서부터 시작된다

하나님 나라는 어디서부터 시작될까?

국회에서? 청와대에서? 대규모 집회에서?

우리들은 종종 하나님 나라가 거대한 체제의 변화에서 시작된다고 생각한다.

하지만 성경을 자세히 들여다보면, 하나님 나라는 가장 작은 공간, 가장 가까운 관계, 가장 일상적인 삶에서 시작된다.

예수님이 하나님 나라를 가르치실 때, 그분은 늘 씨앗, 누룩, 양떼, 한 사람의 변화를 말씀하셨다. 그리고 그 모든 일은 '마을'이라는 공간 안에서 일어났다.

이제 우리가 묻고 말해야 할 것은 이것이다. "내가 살고 있는 이 동네에서, 하나님 나라가 시작될 수 있을까?" "교회가 위치한 이 마을에서, 진정한 변화가 일어날 수 있을까?"

이 장은 이 질문에 대한 신앙적 확신과 실천적 답을 함께 담는다.

예수님의 사역은 '동네'에서 시작되었다

예수님의 사역 대부분은 예루살렘 같은 수도권이 아니라, 갈릴리와 같은 작은 지역, 나사렛, 가버나움, 베들레헴 같은 시골 동네에서 이루어졌다.

예수님은 '마을'을 포기하지 않으셨고, 작은 도시와 이름 없는 사람들을 향해 하나님 나라의 복음을 선포하고, 치유하고, 회복시키셨다.

그 이유는 단순하다.

하나님 나라는 작은 곳에서 자라야 크고 단단해지기 때문이다.

마을은 사람들의 삶이 모이는 공간이며, 정치가 피부에 닿는 현장이며, 교회가 뿌리내려야 할 터전이다.

마을은 복음의 '1차 현장'이다

사람들은 나라를 말하기 전에 자신이 사는 동네를 먼저 경험한다.

쓰레기 정책이 어떠한가? 마을 도서관은 운영이 잘 되는가? 청소년 보호는 어떻게 되고 있는가? 동네 길거리는 안전한가? 장애인과 노인은 존중받고 있는가?

이런 문제들은 대통령도 국회의원도 아닌, 시장, 군수, 구청장, 시의원, 동네 주민이 바꾸어야 할 문제다.

즉, 하나님 나라의 실제는 헌법보다 조례에서, 국가 정책보다 마을 공청회에서 더 가깝게 실현될 수 있다.

신자가 하나님 나라를 현실에 세우려면, 가장 먼저 '내가 사는 마을'을 바라보아야 한다.

마을 정치, 왜 중요한가?

마을에서 일어나는 일은 작아 보이지만, 그것이 반복되고 쌓이면 결국 도시 전체, 국가 전체의 흐름을 바꾼다.

예를 들어, 한 마을의 어린이 보호 정책이 바뀌면, 인근 학교와 유치원, 지역 주민의 인식이 바뀌고 그것은 도시 전체의 안전 문화를 만들어낸다.

동네 청년 공간이 마련되면, 소외되었던 청년들이 목소리를 내기 시작하고 지방정부의 정책 방향이 바뀔 수 있다.

그리고 기독교인이 중심이 된 작은 복지 공동체가 생기면, 그것은 이념 논쟁을 넘어서 진짜 대안으로 자리잡을 수 있다.

즉, 마을은 정치가 이상에서 현실로 바뀌는 실험실이며, 신자의 '작은 실천'이 '하나님 나라의 씨앗'으로 심겨지는 곳이다.

마을 안에서 실현할 수 있는 하나님 나라

신자는 자신의 마을에서 다음과 같은 영역에서 하나님 나라의 가치를 세울 수 있다.

첫째, 주민 모임과 커뮤니티 참여. 아파트 입주자 대표 회의, 주민자치위원회, 동네 공청회 등에 참여해 신앙인의 시선으로 공동체를 바라보는 의견을 낼 수 있다.

둘째, 지역 정치와 정책 감시. 시의회 회의록을 열람하거나, 교육청이나 시청의 조례안 공청회에 참여해 기독교적 관점에서 정책을 평가하고 제안할 수 있다.

셋째, 복지 사각지대 섬김. 혼자 사는 어르신, 탈북자, 이주노동자, 미혼모 가정 등 소외된 이웃을 위한 실질적인 연대와 봉사 활동을 교회가 조직할 수 있다.

넷째, 지역 언론과 SNS를 통한 담론 형성. 교회 차원에서 지역 이슈에 대한 칼럼, 제안서, 의견 개진을 통해 공공 담론을 주도하거나 균형 있게 견제할 수 있다.

교회는 지역 정치의 파트너가 되어야 한다

교회가 지역에서 영적인 섬김만 감당하고, 공공 정책이나 마을 정치에는 거리 두기를 한다면, 세상은 교회를 '이상한 공간'으로 여기게 된다.

하지만 교회가 쓰레기 문제에 함께 고민하고, 청소년 공간 부족 문제를 위해 협의체를 구성하며, 복지 예산이 올바로 쓰이도록 감시하고, 다문화 가정과의 통역 봉사를 제공한다면, 교회는 신비로운 예배당을 넘어, '마을의 진정한 친구'이자 '함께 사는 사람들의 동행자'가 된다.

그럴 때 사람들은 하나님 나라를 보기 시작한다.

마을을 향한 정치, 마을을 향한 복음

정치는 큰 구호보다 작은 선택을 바꾸는 것이다.

신자는 거창한 제도 개혁 이전에 자신이 사는 골목에서 다음을 질문해야 한다.

"이 동네의 고통은 무엇인가?"

"이 마을의 갈등은 어디서 생기는가?"

"이 지역의 공정과 정의는 무엇을 놓치고 있는가?"

"하나님 나라가 임하면, 이 동네는 무엇이 달라져야 하는가?"

이 질문을 품은 신자는 정치인이 아니더라도 하나님 나라의 일꾼이며, 도시를 살리는 작은 불씨다.

가장 낮은 곳에서 가장 높은 나라를 세우자

하나님 나라는 멀리 있지 않다.

바로 당신이 걷는 골목길, 아이들이 뛰어노는 놀이터, 마트 앞에서 앉아 있는 노인의 시선 속에 있다.

예수님은 '작은 자'에게 임하셨고, 제자들에게 "너희가 여기 내 형제 중에 지극히 작은 자 하나에게 한 것이 곧 내게 한 것이라"고 하셨다.

그 말씀은 오늘 이렇게 다시 들린다.

"네가 너의 마을에서 이웃을 섬긴 것이 곧 내 나라를 세운 것이다."

우리가 진짜로 이 나라를 바꾸고 싶다면, 먼저 우리가 사는 마을을 하나님 나라로 바꿔야 한다.

그곳에서 정의를 실천하고, 사랑을 흘려보내고, 진리를 말하고, 고통에 귀 기울일 때, 하나님 나라는 이미 시작된 것이다.

하나님 나라는 멀리 있지 않다.
바로 당신이 걷는 골목길, 아이들이 뛰어노는 놀이터,
마트 앞에서 앉아 있는 노인의 시선 속에 있다.
예수님은 '작은 자'에게 임하셨고,
제자들에게 "너희가 여기 내 형제 중에
지극히 작은 자 하나에게 한 것이 곧 내게 한 것이라"고 하셨다.

35

평범한 성도의
위대한 참여

"나는 그냥 평범한 성도일 뿐이에요."

"정치는 특별한 사람들, 말 잘하고 나서는 걸 좋아하는 사람들이 하는 거 아닌가요?"

이런 말을 우리는 교회 안팎에서 자주 듣는다.

그 말 속에는 스스로에 대한 겸손도 있지만, 사실은 정치와 신앙, 공공성과 교회의 거리감을 느끼는 불안감과 부담감이 함께 담겨 있다.

그러나 성경은 말한다. 하나님은 위대한 사람보다, 평범한 사람을 통해 일하신다.

출애굽의 기적은 모세 한 사람이 아니라 믿음으로 피 바른 이스라엘 가정들의 참여로 이루어졌고, 오순절 성령의 역사는 베드로의 설교만이 아니라 120명의 무명의 제자들의 기도에서 시작되었다.

하나님 나라의 정치도 마찬가지다.

무대 위에 선 몇 명의 정치인만이 아니라, 삶의 자리에서 하나님 나라를 지키고 선택하는 평범한 성도의 참여가 바로 이 사회를 바꾸고, 시대를 이 끌어간다.

정치, 특별한 소명의 사람만의 일이 아니다

많은 사람들은 '정치 참여'라는 말을 들으면 출마, 언론 인터뷰, 공청회 발언 같은 것을 떠올린다.

물론 그것도 정치다. 하지만 그것만이 정치가 아니다.

마트에서 식용유 값이 올랐을 때, 그 이유를 궁금해하는 것도 정치고, 아이 학교 급식에 들어가는 식자재 계약이 공정한지 확인하는 것도 정치고, 동네에 CCTV가 잘 설치되어 있는지 살펴보는 것도 정치다.

정치는 '삶의 질서를 세우는 참여'이며, '하나님의 뜻을 세상 속에 반영하는 구체적 실천'이다.

그러므로 누구나, 언제나, 어디서든 정치적 신앙인이 될 수 있다.

평범한 성도가 할 수 있는 구체적 정치 참여

첫째, 투표는 가장 쉬운 참여이자 가장 강력한 실천이다. 정당한 정보를 바탕으로 후보의 정책을 분석하고, 단순히 이미지나 종교적 친밀감이 아닌 공공의 선을 향한 방향성에 따라 투표하는 것은 성도로서 가장 기초적인 정치 실천이다. "한 표는 작지만, 의로운 한 표가 모이면 정의가 제도화된다."

둘째, 지역 소모임, 학부모회, 마을회의에 참여하라. 성도 한 사람이 신중하게 질문하고, 건설적으로 의견을 제시하며, 회의의 분위기를 바꾸는 것만으로도 동네 전체의 공공 문화가 달라질 수 있다.

셋째, 교회 안에서 공공 이슈를 이야기하라. 소그룹이나 청년부, 중보기도회 시간에 사회적 이슈를 말씀과 함께 성찰하고 정치적 혐오가 아닌 신앙적 참여로 연결되는 흐름을 만들 수 있다.

넷째, 자녀를 통해 다음 세대를 준비하라. 가정에서 뉴스와 정치 이야기를 금기시하지 말고 하나님 나라의 관점에서 자녀와 생각을 나누고 대화하는 것이 다음 세대의 정치 감수성을 결정짓는다.

성경은 '작은 순종'을 크게 보신다

예수님은 한 과부의 두 렙돈을 큰돈보다 더 크다고 하셨다.

그분은 성전의 웅장한 구조보다, 길가에서 굶주린 자에게 떡 한 조각 나눠주는 사랑을 더 기뻐하신다.

정치적 영향력도 마찬가지다.

TV에 나오는 정치인보다, 시의회 홈페이지에서 조례안을 읽고 기도하는 성도 한 사람이 더 깊은 변화를 만들 수 있다.

거대한 시위를 이끄는 운동가보다, 매주 교육청 홈페이지에서 학생 정책을 살피는 부모 한 명이 더 위대한 참여자일 수 있다.

교회 안의 평범한 성도, 그 이름 없는 영웅들

실제로 수많은 지역에서 '교회 다니는 누구'라는 이유로 정직함과 신뢰, 책임감으로 공동체를 이끌고 있는 이들이 많다.

어떤 성도는 동네 통장으로서 기초수급자에게 가장 먼저 도움을 주는 역할을 하고 있고, 또 어떤 성도는 청년 상담센터에서 자원 봉사하며, 교회는 몰라도 그를 통해 복음을 처음 듣는 청년들이 생긴다. 어떤 권사님은 시청 게시판에 자주 의견을 쓰고, 지역신문에 글을 실어 복지 정책을 감시하고 있다.

이들은 목회자도 아니고 정치인도 아니지만, 그 자체로 하나님 나라의 정치인이다.

평범한 성도의 참여가 사회를 지킨다

'소금'은 크지 않지만 부패를 막고, '빛'은 작지만 어둠을 몰아낸다.

그리고 하나님은 성도의 존재 자체를 통해 이 사회를 보호하고 계신다. "이 땅을 위하여 성을 쌓으며 성 무너진 데를 막아 서서 나로 하여금 멸하지 못하게 할 사람을 내가 그 가운데에서 찾다가 찾지 못하였으므로"(겔 22:30).

하나님은 큰 지도자를 찾으신 것이 아니다.

'한 사람'을 찾으셨다. 성벽을 막아서서 무너지는 땅을 대신해 서 줄, 그 한 사람을 말이다.

그 한 사람이 바로 오늘 교회에 앉아 있는 우리 '평범한 성도'다.

왜 하나님은 평범한 사람을 쓰시는가?

첫째, 영광을 하나님께 돌릴 수 있기 때문이다. 능력이 아니라 믿음으로 쓰임 받는 사람은 항상 하나님의 주권과 은혜를 드러낸다.

둘째, 더 많은 사람에게 희망이 되기 때문이다. "나도 할 수 있구나"라는 생각을 가지게 하는 한 사람은 열 명의 엘리트보다 더 많은 변화를 만든다.

셋째, 하나님의 방식이 언제나 그렇기 때문이다. 무기 없는 다윗, 나이 많은 아브라함, 수줍은 모세, 무명의 제자들.

하나님은 늘 작은 자를 통해 큰 일을 이루신다.

평범한 신자, 가장 강력한 하나님의 정치 세력

세상을 움직이는 것은 대개 뉴스에 나오는 사람이 아니라 뉴스 한 줄도 남기지 않을 수많은 '평범한 시민'이다.

그리고 믿음의 정치도 마찬가지다.

하나님 나라를 이 땅에 심는 것은 위대한 사람이 아니라, 위대하신 하나님을 믿는 평범한 신자들의 선택과 실천이다.

정치는 거창하지 않다.

한 표를 올바르게 행사하는 것, 교회 안에서 사회 이슈를 정직하게 다루는 것, SNS에서 감정 아닌 진리의 언어를 쓰는 것, 작은 모임에서 정직하게 질문하는 것, 이 모두가 하나님 나라의 정치이며, 그 중심엔 당신이 있다.

"이 시대에 당신의 믿음은 어디에 서 있습니까?"
그리고 조용히 말한다.
"믿음은 행동할 때, 세상을 바꿀 수 있습니다."
이제, 함께 그 발걸음을 시작하자.
기도하고, 분별하고, 참여하며
우리 마을과 도시 위에 하나님 나라를 세워 나가자.
믿음으로, 정치하자.
하늘 시민권자여, 땅의 정치를 책임지자!

36

정치는 믿음을 실천하는
또 다른 방식이다

신앙은 고백에서 시작되지만, 삶 속에서 실현될 때에야 비로소 '살아 있는 믿음'이 된다.

기도하는 것, 말씀을 읽는 것, 예배드리는 것 등 이 모든 것은 신앙의 기본이다.

하지만 그것이 우리의 삶 속에서 세상과 어떻게 연결되느냐에 따라 그 믿음의 무게와 결실은 달라진다.

그리고 우리는 지금 이 질문 앞에 서 있다.

"나는 나의 믿음을 세상 속에서 어떻게 실천하고 있는가?"

많은 그리스도인이 여전히 '정치'라는 단어 앞에 멈춘다. 너무 복잡하고, 너무 더럽고, 너무 분열적이라고 느끼기 때문이다.

하지만 성경이 말하는 하나님 나라는 공적 정의와 공동체의 회복, 이웃 사랑과 공공 책임의 영역까지 포함하는 거대한 실천적 구원이다.

정치는 그 믿음을 이 땅에 구체적으로 실현하는 방식이 될 수 있다.

그리고 되어야 한다.

신앙은 삶을 바꾸고, 사회를 바꾼다

복음은 개인의 내면을 바꾸는 것으로 끝나지 않는다.

복음은 사람을 바꾸고, 그 사람이 사회를 바꾸며, 그 사회는 또 다른 사람을 바꾸게 한다.

구약의 요셉은 정치인으로서 이집트의 재정과 기근 정책을 주도했고, 에스더는 왕궁의 정치 구조 안에서 민족 구원을 위한 결단을 내렸으며, 느헤미야는 행정관으로서 성벽을 재건하며 도시를 다시 세웠다.

그들은 단지 신실한 믿음의 사람들이 아니었다.

믿음을 '공적 책임'이라는 방식으로 실천한 정치인이자 정책가들이었다.

왜 정치가 믿음의 실천인가?

첫째, 정치는 공동체를 위한 사랑의 실천이다. "네 이웃을 네 몸과 같이 사랑하라." 이 명령은 이웃의 삶의 질, 안전, 권리, 존엄을 함께 고민하라는 명령이다. 그리고 정치는 그 이웃의 삶에 가장 큰 영향을 미치는 제도이자 수단이다.

둘째, 정치는 약자를 위한 정의의 도구다. 고아와 과부, 나그네와 이방인을 보호하라는 하나님의 명령은 개인의 선한 의도만으로는 이루어질 수 없다. 제도와 법, 행정과 예산을 통해 실현되어야 하는 구체적 사명이다.

셋째, 정치는 창조 질서를 회복하는 방법이다. 하나님은 세상을 질서 있게 창조하셨고, 그 질서는 무질서한 세상 속에서 다시 세워져야 한다. 그 역할을 감당할 수 있는 방식 중 하나가 공공의 영역에서의 참여, 곧 정치다.

정치는 '복음 없는 세상'에 대한 복음적 응답이다

세상은 늘 하나님 없는 원리로 움직이려 한다.

이익, 권력, 탐욕, 편 가르기….

그 안에 있는 사람들은 어떻게 살아야 할지 몰라 흔들리고, 그 구조는 점점 더 불의와 혐오, 양극화를 확대시킨다.

여기서 기독교인이 해야 할 일은 비판만이 아니다.

복음으로 응답하는 것이다.

사랑으로 말하고, 상식으로 제안하고, 책임으로 행동하고, 용기로 결정하는 것.

이 모든 것이 정치라는 무대를 향한 복음적 실천이다.

기도는 입법과 연결되어야 한다

우리는 종종 "나라와 민족을 위해 기도합시다"라고 말한다.

그러나 구체적으로 어떤 문제를 놓고 기도하고 있는가?

그 기도가 어떻게 행동으로 이어지고 있는가?

낙태 합법화에 반대하며 기도한 사람이 법안 통과 이후 아무 행동도 하지 않는다면, 그것은 온전한 기도라고 할 수 없다.

청소년 성교육의 왜곡을 보며 기도하는 교회가 교육청과 시의회에 의견서 하나 내지 않는다면, 그 기도는 열망이지 실천이 아니다.

기도는 능력이다. 하지만 그 능력은 행동으로 이어질 때 세상을 바꾼다.

정치는 기도의 응답을 실현하는 한 방식이 될 수 있다.

성경적 정치 참여, 이렇게 실천하자

첫째, 믿음의 기준을 세우자. 정당이나 인물 중심이 아닌, 하나님 나라의 가치 기준을 먼저 세우고 판단하자. 생명, 가정, 자유, 정의, 공동체 보호,

약자 섬김 등. 이런 가치들이 신자의 정치 판단의 기준이 되어야 한다.

둘째, 소리를 내자. 온라인 서명, 시민 의견, 지역 언론 기고, 교회 게시판 활용 등 다양한 방식으로 신자의 목소리를 사회에 전달하자.

셋째, 함께 하자. 혼자서는 지치기 쉽다. 기독 시민단체, 교회 네트워크, 지역 크리스천 커뮤니티 안에서 서로 배우고 도우며 정치 참여의 지속 가능성을 키워가자.

넷째, 삶과 연결하자. 정치가 특별한 활동이 아니라 삶의 일부, 신앙의 연장이 되도록 연결하자. 소비, 교육, 주거, 일자리, 가족, 교회 등. 이 모든 영역에서 하나님 나라의 질서로 선택하고 살아가는 것이 신자의 정치다.

정치는 사명이자 예배다

하나님은 예배당 안에서 드리는 헌신만이 아니라, 세상 속에서 드리는 공공의 순종도 받으신다.

"너희는 이 세대를 본받지 말고 오직 마음을 새롭게 함으로 변화를 받아 하나님의 선하시고 기뻐하시고 온전하신 뜻이 무엇인지 분별하도록 하라"(롬 12:2).

이 말씀은 말씀의 기준을 세상 속에서 실현하라는 명령이며, 그 구체적인 장이 바로 '정치'다.

신자의 정치 참여는 단순한 시민의식이 아니라, 하나님께 드리는 삶의 예배이며, 믿음을 살아내는 구체적인 통로다.

정치는, 또 하나의 믿음의 실천이다

믿음은 말로만 존재할 수 없다.

믿음은 선택이 되어야 하고, 태도가 되어야 하고, 삶이 되어야 한다.

정치는 기도만으로는 부족했던 자리에 하나님 나라의 대안을 행동으로 제시하는 실천의 장이다.

우리는 정치 때문에 교회를 욕하지 말고, 교회 때문에 정치가 달라지기를 꿈꿔야 한다.

우리는 세상 속에서 빛으로, 소금으로, 설득자로, 예언자로, 화해자로 살아야 한다.

그것이 바로 믿음을 실천하는 또 하나의 방식, 곧 정치다.

믿음은
발걸음을 남긴다

정치는 거대 담론처럼 보이지만, 사실은 아주 작은 선택에서 시작된다.

어떤 말에 고개를 끄덕이고, 어떤 사람에게 마음을 내어주고, 어떤 길 위에 서서, 누구의 편에 설지를 결정하는 순간들.

우리는 매일 이렇게 정치 속에서 살고 있다.

쓰레기통 앞에서도, 횡단보도 앞에서도, 학교와 병원, 마트와 버스 정류장 앞에서도 작고 소소한 정치적 장면들과 마주하고 있다.

그때마다 우리는 믿음을 드러내거나 잃는다.

누구도 알아주지 않아도

성경은 '이름 없는 자들'을 통해 하나님 나라를 이루어 간 것을 보여준다.

이스라엘 장막 뒤에서 아기를 키우던 요게벳, 성문 앞에서 은밀히 거짓 증인을 물리쳤던 모르드개, 이방 땅에서 형제의 생명을 위해 울던 요셉, 작은 도시 베들레헴의 말구유에서 시작된 구속의 역사.

그들은 정치인이 아니었고, 목소리가 크지도 않았고, 군대를 거느린 장군도 아니었다.

하지만 그들은, 하나님의 마음을 따라 움직였고, 진리를 향한 작은 결단을 했으며, 믿음으로 조용히 행동했다. 그 결과, 역사가 바뀌었다.

지금 이 순간 이 책의 마지막 장을 읽는 당신도, 아마 자신을 그렇게 생각할 것이다.

"나는 작다. 평범하다. 힘도 없다."

하지만 그렇기에 당신이 중요하다.

하나님은 평범한 신자의 발걸음을 통해 세상을 움직이신다.

침묵과 무관심은 믿음의 방식이 아니다

정치는 때로 혐오스럽고 거칠다.

거짓이 난무하고, 감정은 극단적이며, 진실은 묻히고, 정의는 자주 밀려난다.

그래서 많은 신자들은 말한다.

"나는 기도나 할래요."

"하나님께 맡길게요."

하지만 성경은 우리에게 단지 무력한 관망자가 되라고 명령하지 않았다.

예수님은 산 위에서만 계시지 않고 시장과 광장, 회당과 성전, 길 위에서 사람들과 마주하셨다.

무기력하게 뒷걸음치지 않으시고, 정면으로 질문하시고, 눈을 맞추셨다.

바리새인의 위선에도, 세리의 탐욕에도, 로마의 압제에도 예수님은 진리의 사람으로, 사랑의 존재로 행동하셨다.

우리도 그러해야 한다.

무관심은 믿음의 태도가 아니다.

침묵은 때로 하나님 나라를 가리는 커튼이 된다.

당신의 작은 발걸음이 남길 흔적

이제 당신의 삶 속에서 어떤 작은 선택 하나가 '하나님의 정의'를 드러내는 장면이 되기를 소망한다.

한 표를 고민하며 행사하는 그 손길, 조용히 지역 조례를 살피는 관심의 눈, 교회 소그룹에서 이슈를 이야기할 때의 성경적 분별, SNS에서 감정을 넘은 지혜로운 언어로 표현하는 메시지, 아이와 함께 뉴스에 대해 대화할 때 들려주는 하나님 나라의 시선.

이 모든 것이 바로 믿음을 살아낸 발걸음이며, 정치를 믿음으로 실천한 증거다.

그 발걸음은 작지만, 당신의 자녀와 이웃, 지역과 세대에 보이지 않는 믿음의 흔적을 남길 것이다.

하나님은 지금도 찾고 계신다

"이 땅을 위하여 성을 쌓으며 성 무너진 데를 막아 서서 나로 하여금 멸하지 못하게 할 사람을 내가 그 가운데에서 찾다가 찾지 못하였으므로"(겔 22:30).

이 말씀은 오늘날 한국 교회를 향한 하나님의 음성처럼 들린다.

성벽은 무너지고, 정의는 땅에 떨어지고, 공공은 사유화되고, 신앙은 구석으로 몰려 있다.

하나님은 지금도 그 성벽의 무너진 틈을 기도와 참여, 진실과 행동으로 막아설 한 사람을 찾고 계신다.

그 사람이 '정치인'이기 전에 '신자'이기를 바라신다.

그 사람이 '유능한 사람'이기 전에 '하나님의 마음을 아는 사람'이기를 바라신다.

그리고 그 사람이, 당신이기를 원하신다.

책을 덮으며, 다시 시작하는 정치

당신은 이제 이 책을 다 읽었다.

어쩌면 조금 벅찼을지도 모른다.

하지만 그 느낌이 바로 출발점이다.

지금 이 자리에서, 당신이 서 있는 그 동네에서, 하나님 나라는 다시 시작될 수 있다.

정치는 믿음을 실천하는 또 하나의 방식이다.

우리는 투표함 앞에서, 의회 방청석에서, 공청회 좌석에서, 교회 게시판과 마을 카페 안에서 믿음을 행동으로 증명할 수 있다.

당신의 작은 한 걸음, 그것이 바로 하나님 나라의 씨앗이다.

믿음은 발걸음을 남긴다.

그리고 그 발걸음은 세상을 바꾸는 길이 된다.

이것이 바로 하늘 시민권자가 땅의 정치에 참여하는 방식이다.